Wir leben in einem Schrebergarten und rundherum ist die
unendliche Natur, die wir nutzen könnten -
aber die schiere Größe macht uns Angst.
(Andre M. Weitzenhoffer)

HYPNOSE

Das Praxisbuch

1. Auflage – ISBN: 978-384-820-4649
© 2013 Mike Butzbach
Herstellung und Verlag:
Books on Demand GmbH, Norderstedt
Coverfoto: Gerd Altmann / Pixelio.de

Inhaltsverzeichnis

Vorwort

Liebe Leserin, lieber Leser,

Einige Jahre ist es nun her, dass die Idee zu einem „echten" Praxisbuch für Hypnoseanwender geboren wurde. Ein Buch das gerade Anfängern ermöglichen soll, Übungen direkt und unmittelbar anzuwenden - ohne viel Theorie und aufgeblähtem Text.

Und genau wie der erfolgreiche Vorgänger richtet sich diese komplett überarbeitete und erweiterte Auflage an Jene, die bereits praktische Erfahrung mit Hypnose gesammelt haben. Basiswissen ist auch zur Anwendung der beschriebenen Techniken notwendig. Neu ist, dass in dieser Auflage nun auch einige theoretische Hintergründe erklärt werden, allerdings ohne dass der praktische Gedanke darunter leidet.

Deswegen verzichte ich auch dieses Mal darauf, ausgiebig über die Geschichte der Hypnose oder langatmige wissenschaftliche Definitionen zu schreiben.

**Hypnose – Das Praxisbuch
ist und bleibt ein Praxisbuch zum**

**AUSPROBIEREN
und
EXPERIMENTIEREN**

Dieses Buch soll Ihnen dabei helfen, die Grundlagen der Arbeit mit Hypnose besser verständlich zu machen. Dieses tiefere Verständnis erhalten Sie allerdings nur durch praktische Übung und Selbsterfahrung, deswegen ermutige ich Sie nun ausdrücklich zum Experimentieren mit den beschriebenen Techniken.

Die Arbeit mit Hypnose wird Ihnen die Möglichkeit geben, neue Wege, neue Verhaltensweisen und neue Strategien für Ihren Lebensweg zu entwickeln.

<u>Sie müssen es nur tun!</u>

Viele Ausführungen spiegeln meine persönlichen Erfahrungen aus meiner Arbeit mit Hypnose wieder, so dass es mit Sicherheit an der ein- oder anderen Stelle vorkommt, dass Sie bereits andere Erfahrungen gemacht haben oder etwa anderer Meinung sind. Das ist gut so, denn von verschiedenen Ansichten und Denkweisen lebt die Weiterentwicklung.

Wenn Sie konstruktive Kritik äußern möchten oder Fragen zur Hypnose haben, kontaktieren Sie mich gerne über diese Email-Adresse

hypnosebuch@arcor.de

Ich wünsche Ihnen nun viel Spaß beim Lesen und viel Erfolg bei Ihrer Arbeit mit Hypnose.

Was ist Hypnose und warum funktioniert sie überhaupt. Diese Frage stellt sich wohl jeder Mensch, der in Kontakt mit diesem Phänomen kommt.

Wie kann es sein, dass man einen Menschen in einer solchen Weise in seiner Wahrnehmung manipulieren kann, dass sogar Halluzinationen möglich sind? Warum erhält man durch Hypnose einen direkten Zugang zum Unbewussten? Warum können die sogenannten Posthypnotischen Suggestionen noch lange aktiv sein, ohne dass der Mensch es bewusst mitbekommt?

Weitzenhoffer definiert Hypnose als ein Zustand erhöhter Suggestibilität und als eine Form der interpersonellen Beeinflussung durch Suggestion.

Die kognitiv-behavioristische Theorie von Barber benennt als wesentlichen Bestandteil einer Hypnose die Mitarbeit, die Erwartungshaltung und die Motivation eines Probanden. Dabei beschreibt Barber auftretende hypnotische Phänomene als Bestandteil allgemein vorhandener, zum

Verhaltensspektrum fast aller Menschen gehörender Fähigkeiten. Hypnose ist eine spezifische Reaktion auf Suggestionen, Imaginationsfähigkeit und der Einstellung des Probanden.

Sabrin sieht Hypnose als Resultat einer Reihe psychologischer Prozesse, die sich aus der Rollentheorie ableiten lassen. Die drei Pfeiler des Rollenverhaltens sind Motivation, Beteiligung organischer Systeme und Differenzierung von Rolle und Selbst. Hypnose wird demnach in wesentlichen Punkten durch andere Menschen, Erwartungshaltungen und sozialen Normen bestimmt. Diese Punkte führen zu einer mehr oder weniger Bereitschaft, das gewünschte Rollenverhalten auszuführen.

Ganz gleich welche Theorie für Sie am schlüssigsten erscheint, Hypnose ist ein Zustand des veränderten Bewusstseins und der erhöhten Suggestibilität.

Prof. Dr. Revenstorf von der Universität Tübingen hat als Ergebnis umfangreicher Studien an Probanden „Wahrheiten über Hypnose" formuliert, die ich hier zum Teil kurz wiedergeben möchte.

1. Nicht jeder Mensch ist hypnotisierbar

2. Suggestibilität ist nicht unbedingt ein Zeichen für besondere Hypnosefähigkeit

3. Eindeutige Anzeichen für Trance gibt es nicht.

4. Hypnotische Trance verursacht eine deutliche Erhöhung der bereits vorhandenen Suggestibilität.

5. Der Trancezustand an sich ist nicht heilsam, außer es wird entsprechend suggeriert.

Gerade die fünfte Aussage ist interessant, besteht doch bisher im Allgemeinen die Ansicht, ein Trancezustand an sich wäre bereits heilsam. Dies gilt es zu überdenken und es wären demnach auch bei sog. Leer- oder Entspannungshypnosen entsprechend Zielführende Suggestionen notwendig, um einen Effekt außerhalb einer puren Entspannung zu erreichen.

In diesem Zusammenhang möchte ich Ihnen das Buch von Prof. Dr. Revenstorf, *Hypnose in Psychotherapie, Psychosomatik und Medizin*, empfehlen.

Das Unbewusste

Einige Worte zu der Instanz, mit der Sie in Ihrer Hypnosepraxis ständig zu tun haben...dem Unbewussten.

Das Unbewusste ist für viele Menschen schwer begreifbar und doch ist es die dominante Instanz in uns, die uns steuert und zu Handlungen und Entscheidungen veranlasst, noch bevor wir Bewusstsein darüber erlangen, was wir gerade tun.

Es dient zudem als unerschöpflicher Speicher unserer Erfahrungen und speichert ständig Details in unserem Gedächtnis ab.

Man kann das Unbewusste vielleicht mit einem Computer vergleichen, der im Hintergrund situationsbedingte Programme abspielt, die unser Leben bestimmen und steuern.

Dabei scheint es kein „Zeitgefühl" zu besitzen. Traumatische Ereignisse und die Reaktionen darauf können nach Jahren noch genau so präsent sein, wie am Ereignistag.

Wie mächtig ist unser Unbewusstes wirklich?

Wer entscheidet darüber, was wir mögen, was wir kaufen, was wir hassen? Laut subjektivem Empfinden würde jeder von uns gleich sagen „na mein Bewusstsein". Aber es gibt Hinweise, dass diese Annahme falsch ist.

Ob wir einkaufen oder Bewertungen durchführen, optische Reize gelangen zuerst in den Hippocampus, eine bestimmte Region in unserem Gehirn, und werden dort mit gespeichertem Wissen verglichen. Ähnelt der Reiz einem bereits gespeicherten, wird entweder ein bejahendes oder ablehnendes Gefühl daraus, je nach Erfahrung. Dieser Prozess läuft völlig unabhängig und ohne Kontrolle durch das Bewusstsein ab, in einem Bruchteil von Millisekunden. Erst nach diesem Schritt laufen Wissen und Gefühl zusammen und erreichen das Bewusstsein. Die Entscheidung, so meinen Wissenschaftler, sei dann bereits gefallen.

Unser Bewusstsein kann lediglich um die 40 Wahrnehmungen gleichzeitig verarbeiten. Der Rest wird schlicht und einfach ausgeblendet.

Dabei hat man durch Tests herausgefunden, dass unser Gehirn viel früher aktiv wird, noch bevor wir einen Drang verspüren, eine Handlung vorzunehmen. Das bedeutet, dass jedem bewussten Prozess ein unbewusster Prozess vorausgeht. Und dies mit einem Zeitunterschied von etwa 0,5 Sekunden.

Unser Unbewusstes steuert somit unser Verhalten, noch bevor es unser Bewusstsein erreicht. Dabei, so die Annahme, bewertet unser Bewusstsein unser Handeln erst im Nachhinein, wird jede Handlung mit der passenden Erklärung belegt.

Diese Annahme stützt meiner Meinung nach auch die Tatsache, dass Menschen, die posthypnotische Suggestionen ausführen, oft im Nachhinein eine entsprechend „logische" Erklärung für ihr Handeln suchen. Sie versuchen, den Impuls aus dem Inneren vor sich selbst zu rechtfertigen.
In unserem Unbewussten müssen also Verhaltensprogramme gespeichert sein, die durch entsprechende Auslöser aktiviert werden. Somit ergibt sich auch die Möglichkeit, durch Tieftrance entsprechende Verhaltensmuster „einzugeben".

Sind wir also komplett „fremd" gesteuert durch unser Unbewusstes? Nicht ganz. Weitere Forschungen ergaben, dass unser Bewusstsein kurz vor einer Entscheidung aus dem Unbewussten ein Veto einlegen kann. Und das erklärt auch für mich, warum posthypnotische Suggestionen nicht unbedingt funktionieren, solange kritische Bewusstseinsanteile noch aktiv sind (leichte bis mittlere Trance). Dennoch kommt es manchmal vor, dass diese trotzdem angenommen werden.

Nun ja, „fremd" gesteuert ist für mich auch der falsche Ausdruck, denn mein Unbewusstes ist schließlich ein Teil von mir, und damit nicht unbedingt fremd. Aber man sollte sich jedenfalls ins Bewusstsein rufen, wie mächtig unser Unbewusstes ist und dass dieses unser Verhalten zum größten Teil im Griff hat. Und genau dieser Fakt veranlasst mich zu der Behauptung, dass jede gewünschte Veränderung durch Arbeit mit und am Unbewussten erreicht werden kann.

Dinge, die sich in unserem Unbewusstes verankert haben, wirken und beeinflussen uns also jeden Tag, und können die verschiedensten Symptome hervorrufen. Und je tiefer eine Ursache liegt, desto schwieriger ist die bewusste Veränderung.

Vorbereitung einer Hypnose

Ich gehe davon aus dass Sie bereits ein Hypnoseseminar besucht haben, wo man Sie auf mögliche Fehler in der Kommunikation mit dem Probanden hingewiesen hat.

Trotzdem möchte ich Ihnen hier eine kleine Checkliste für die ersten Male an die Hand geben. Hypnose ermöglicht den Zugang zum Unbewussten eines Menschen, allein schon aus diesem Grunde sollte man mit der Thematik sehr verantwortungsbewusst umgehen. Besonderes Augenmerk sollten Sie auf das Erkennen möglicher psychischer Störungen Ihrer Probanden richten, wenn Sie im nicht therapeutischen Bereich arbeiten.

In der Regel ist Hypnose ungefährlich, kann aber bei bestimmten psychischen Störungen sehr wohl Schäden anrichten. Im Zweifelsfalle verweisen Sie Ihren Probanden an einen Arzt oder Psychologen.

Vorbereitung:

1. Aufklärung über Hypnose und Abbau möglicher Ängste beim Probanden.

2. Bestehen körperliche oder psychische Krankheiten? Mögliche Kontraindikationen abklären und Proband ggf. weitervermitteln

3. Abklärung evtl. vorhandener Ängste (z.B. vor Kellertreppen, Wasser...etc.), um diese Imaginationen bei der Hypnose zu vermeiden.

4. Abklärung evtl. vorhandener Vorerfahrungen mit Trance. Nutzung von erfolgreichen Mustern.

5. Eindeutige Zielformulierung durch den Probanden formulieren lassen.

6. Fragebogen ausfüllen und unterschreiben lassen.

Wenn Sie im Vorgespräch ein schlechtes Gefühl haben oder die Befürchtung aufkommt, dass Sie dem Probanden nicht wirklich bei seinem Problem helfen können, kommunizieren Sie es auch. Lehnen Sie einen Probanden ab oder vermitteln ihn an einen Kollegen weiter, wenn Sie sich unsicher sind. Ihre Unsicherheit überträgt sich möglicherweise auf den Probanden und lässt Sie nicht authentisch wirken. Die Erfahrung zeigt, dass negative Erlebnisse oder Misserfolge durch die Probanden viel schneller weitergetragen werden, als erfolgreiche Arbeit. Leider muss man das immer wieder feststellen.

Die im Folgenden aufgeführten Fragen verwende ich in meinem Eingangsbogen. Gerne können Sie diesen Fragebogen abschreiben, oder aber über die eingangs genannte Email-Adresse bei mir anfordern.

Name:
Alter:
Beruf:
Vereinbartes Honorar:

Sind Sie schon mal Hypnotisiert worden? O ja O nein

Wenn ja, welche Einleitung wurde benutzt? War das angenehm für Sie?

Was erwarten Sie von der Hypnose?

Nehmen Sie regelmäßig Medikamente ein? O ja O nein

Wenn ja, welche?

Leiden Sie an Hypertonie? O ja O nein

Leiden Sie an Kreislaufproblemen?
O ja O nein

Wovor haben Sie Angst?
(Höhe, Fahrstuhl, Spinnen, Tiere etc.)
Haben Sie Befürchtungen bezüglich Hypnose? O ja O nein

Wenn ja, welche?

Können Sie sich gut entspannen?
O ja O nein

Waren/sind Sie in Psychotherapeutischer Behandlung? O ja O nein

Wenn ja, warum?

Haben Sie körperliche Erkrankungen?
O ja O nein

Wenn ja, welche?

Ziel der Hypnose:

Es wird ausdrücklich darauf hingewiesen, dass Hypnose oder Mentaltraining nicht die Dienste eines Arztes, Heilpraktikers oder Psychotherapeuten ersetzt.

Die Tätigkeit als Hypnotiseur grenzt sich grundlegend von einer therapeutischen Tätigkeit ab, indem keine Diagnosen gestellt oder Heilversprechen abgegeben werden. Es werden keine Leiden mit medizinischer/psycho-therapeutischer Erfordernis behandelt.

Sollten Sie sich zurzeit wegen irgendeines Leidens in medizinischer Behandlung befinden, so unterbrechen Sie diese auf keinen Fall ohne vorherige Absprache mit Ihrem Arzt.

Hiermit erkläre ich, dass ich über Hypnose aufgeklärt wurde und mir bekannt ist, dass es keine 100 % Erfolgschance gibt. Meine eigene Mitarbeit und mein Wille sind für den Erfolg unabdingbar.

Datum, Unterschrift

Suggestibilitätstests

Wissenschaftliche Studien haben ergeben, dass die Suggestibilität eines Menschen tatsächlich genetisch bestimmt, also ange-boren, ist.

Des Weiteren hat die Suggestibilität eines Menschen keine Aussagekraft über seine Hypnotisierbarkeit. Allerdings habe ich die Erfahrung gemacht, dass suggestible Men-schen durchaus einfacher in eine Trance zu steuern sind.

Vor einer Sitzung kann es durchaus hilf-reich sein, wenn Sie mit dem Probanden einen Suggestibilitätstest machen.

Zum einen dient der Test für den Proban-den als „convincer" (Beweis der Hypnoti-sierbarkeit), zum anderen gibt er Ihnen als Hypnotiseur die Sicherheit, den Probanden etwas besser einschätzen zu können.

Durch den Vortest ist der Proband mögli-cherweise von seinen Reaktionen über-rascht, so dass er neugierig auf die eigent-liche Hypnosesitzung wird.

Ich möchte Ihnen hier verschiedene Sug-gestibilitätstests beschreiben.

Der Schwank-Test

Vorbereitung:

Bitten Sie den Probanden sich gerade hinzustellen, mit eng aneinander stehenden
Füßen. Anschließend soll er mit geschlossenen Augen etwas nach oben schauen
und Sie suggerieren ihm, dass sein Körper
beginnt vor- und zurück zu schaukeln.

Demonstration:

Hypnotiseur:
Schaue bitte Richtung Decke und schließe
die Augen. Die Augen bleiben die ganze
Zeit geschlossen. Und nun spürst Du
gleich, dass Dein Körper anfängt, nach
vorne und hinten zu schaukeln. Stell Dir
vor, Dein Köper schaukelt vor und zurück.
Ganz leicht – und langsam immer stärker
schaukelt Dein Körper vor und zurück. Vor
und zurück. Und er beginnt, auch nach
links und rechts zu schaukeln. Stell Dir
vor, Dein Körper schaukelt auch nach links
und rechts, vor und zurück, links und
rechts. Immer stärker werden die Kreise,
die Dein Körper dreht, immer stärker werden die Kreise...

Praxis-Tipp:
Sehr suggestible Menschen schwanken wirklich heftig, so dass man darauf achten sollte, dass diese nicht dabei umfallen.

Der Gewichtstest

Hypnotiseur:
Ich möchte Dich bitten, Dich vor mir hinzustellen, und die Arme gerade, mit den Handinnenflächen nach oben, auszustrecken. Schließe dabei Deine Augen.

Und nun stell Dir vor, ich lege in Deine linke Hand ein schweres Bleigewicht. Eine Bleikugel, die sehr schwer ist. (Symbolisch etwas in die Hand hineinlegen!)

Und um Deine rechte Hand binde ich einen großen Ballon, der gefüllt mit Gas ist. (Symbolisch Ballon anbinden!)

Die linke Hand mit der Bleikugel wird nun immer schwerer und schwerer. Immer schwerer und schwerer.

Und die rechte Hand wird von dem Ballon nach oben gezogen. Ganz leicht wird Deine rechte Hand, ganz schwerelos. Leichter und leichter...

Praxis-Tipp:
Je stärker die Armbewegungen, umso suggestibler ist in der Regel der Proband.

Es gibt eine Reihe weiterer Suggestibilitätstests. Sie können natürlich auch kreativ wirken und sich selbst solche Tests ausdenken.

Trancetiefe

Der Trancetiefe möchte ich mich nur kurz widmen, da wir ja nun wissen, dass es keine sicheren und allgemeingültigen Anzeichen zur Feststellung der Trancetiefe gibt.

Dieser Umstand mag Sie anfänglich verunsichern, allerdings kann ich Ihnen versprechen, dass Sie mit steigender Erfahrung ganz von selbst ein Gespür dafür entwickeln, in welchem Stadium sich der Proband gerade befindet.

Bei mir ist es so, dass ich bei jeder Hypnosesitzung ein Stück weit mit in Trance gehe. Das passiert unbewusst, aber dadurch ist mein Gespür für den Probanden deutlich gesteigert.

Anfänglich helfen Ihnen vielleicht die allseits bekannten Tabellen der Hypnosestadien, allzu lange werden Sie damit jedoch nicht arbeiten.

Wenn Sie zielstrebig und konzentriert bei der Sache sind, werden Sie Ihr Ziel auch ohne irgendwelche Tabellen erreichen.

Induktionen

In diesem Abschnitt stelle ich Ihnen einige wirksame Induktionstechniken vor, die Sie mit Hilfe der jeweilig beschriebenen Demonstration selbst direkt ausprobieren können.

Mythos Blitzhypnose

Sicherlich sind Blitz- und Schnellhypnose-techniken eine reizvolle Sache. Wer möchte nicht so manches Mal die Hypnose in seiner Praxis binnen Sekunden eingeleitet haben, um so wertvolle Zeit zu sparen. Zudem ist der Showeffekt natürlich groß und unterstreicht zudem Ihre Kompetenz als Hypnotiseur, beherrschen Sie doch eine „geheime Technik".

Die Praxisrealität sieht allerdings anders aus. Schnellhypnosetechniken nutzen bei einer Erstsitzung mit therapeutischer Indikation wenig, sind teilweise sogar Kontra-produktiv.

Auf Schock und Verwirrung basierende Hypnoseeinleitungen verunsichern den Probanden und wirken zudem nur bei einem sehr geringen Teil sofort. Um eine anständige Vertiefung kommt man anschließend auch nicht herum, und es dauert halt seine Zeit, bis sich bei den meisten Menschen eine brauchbare Trancetiefe eingestellt hat.

Wenn Sie etwas Erfahrung gesammelt und ein Gefühl für die Trancearbeit entwickelt haben, gelingt Ihnen eine recht schnelle

Einleitung auch ohne spezielle „Blitzhypnose".

Möchten Sie allerding die Straßen- und/oder Showhypnose ausprobieren, dann sollten Sie sich ausgiebiger mit Blitzhypnosetechniken beschäftigen. In diesem Bereich haben solche Techniken durchaus ihre Berechtigung. Aus diesem Grunde habe ich einige Blitzhypnosetechniken zusätzlich beschrieben.

Wie Sie sprechen sollten

Gewöhnen Sie sich direkt von Anfang an daran, in einer ganz normalen, ruhigen Aussprache zu hypnotisieren. Es ist nicht notwendig, dass Sie Ihre Texte „singen" oder besonders tief sprechen. Das wirkt im besten Fall lächerlich und hat überhaupt keinen positiven Einfluss auf die Hypnose.
Eine stärkere Betonung ist zum analogen Markieren sinnvoll, oder aber um einer Zielsuggestion Nachdruck zu verleihen. Das ist aber auch schon alles.

Analoges Markieren bedeutet, dass Sie ein Wort durch eine besondere Betonung vom

Rest des Satzes abheben, damit es eine besondere Wertigkeit erhält.

Worte, die Sie analog markieren KÖNNEN, habe ich in den Demonstrationen groß geschrieben.

Fixationsmethode

Die klassische Methode der Hypnoseeinleitung ist wohl die Fixation.

Dazu könnte eigentlich jeder Gegenstand genutzt werden, wobei man beachten sollte, dass so gut wie keine Gegenstände aus dem alltäglichen Gebrauch benutzt werden, wie z.B. ein Kugelschreiber. Sonst kann es passieren, je nach Konstitution des Probanden, dass er in eine Spontantrance fällt, wenn er einen ähnlichen Gegenstand irgendwo wieder zu sehen bekommt.

Ich verwende für die Fixationsmethode meist meine Finger. Dazu nehme ich Daumen, Zeige- und Mittelfinger zusammen und halte diese dem Probanden ca. 15cm vor das sog. „dritte Auge" (den Mittelpunkt der Stirn). Wichtig ist, dass der Proband die Finger noch gut erkennen kann, seine Augen dabei nach oben und zur Mitte gerichtet sind.

Demonstration:

Hypnotiseur:
Ich möchte, dass Du meine Finger JETZT mal eine Zeit lang ohne zu blinzeln fixierst. Bist Du bereit dazu?

Proband: Ja.

Hypnotiseur:
Fixiere JETZT ganz fest den Punkt, an dem sich meine Finger berühren. Du wirst gleich feststellen, dass meine Finger vor Deinen Augen verschwimmen, und dass Deine Augenlider langsam immer schwerer werden.

Immer schwerer und schwerer.

Stell Dir einfach einmal vor, an Deinen Augenlidern hängen kleine Bleigewichte, die diese nach unten ziehen.

Einfach einmal vorstellen wie sich das anfühlen würde, wenn JETZT keine Bleigewichte Deine Augenlider immer schwerer machen.

Immer schwerer und schwerer. Immer schwerer und schwerer werden Deine Augenlider.

Wenn Dir die Augenlider irgendwann zu schwer geworden sind, dann schließ Deine Augen einfach.

(nach Lidschluss) So ist es gut.

Praxis-Tipp: Da es manchmal schwierig ist, eine Pupillenweitung des Probanden rechtzeitig zu erkennen, setze ich einfach die Tatsache der natürlichen Reaktion - dass Verschwimmen der Finger - an den Anfang meiner Intervention. Dadurch, dass diese Vorhersage tatsächlich eintritt, wird der Proband weitere Suggestionen leichter befolgen.

Eine weitere Variante:

Hypnotiseur:
Ich möchte, dass Du meinen Finger ganz konzentriert beobachtest. Du wirst gleich

feststellen, dass mein Finger immer näher kommt, immer näher. Ganz konzentriert schaust Du den Finger an. Und je näher er kommt, desto schwerer werden Deine Augenlider.

Ganz schwer, immer schwerer.

Wenn ich gleich mit meinem Finger Deine Stirn berühre, fallen Deine Augen einfach zu und Du sinkst in einen tiefen, angenehmen Zustand.

(Finger berührt Stirn)

Schlaf – So ist es gut.

Noch eine Möglichkeit:

Hypnotiseur:
Ich möchte, dass Du Dich auf die Linien in meiner Handinnenfläche konzentrierst.

Schau Dir bitte JETZT ganz genau die Linien an, die in meiner Hand verlaufen.

Irgendwann werden sich diese Linien verändern, sie werden beginnen anders auszusehen.

Sobald die Linien sich verändern, werden Deine Augenlider immer schwerer und schwerer...

Praxistipp:
Hat der Proband die Augen letztlich geschlossen, bestätige ich seine Reaktion („So ist es gut"). Sie sollten sich angewöhnen, alle merklichen Reaktionen des Probanden in einer solchen Weise zu bestätigen. Dadurch erreichen Sie eine zusätzliche Vertiefung.

Es kommt schon mal vor, dass die Augenlider des Probanden nur langsam oder überhaupt nicht auf die Suggestion der Schwere reagieren (es gibt Menschen, die haben eine unglaubliche Kondition in den Augenlidern ;o). In diesem Falle fange ich nach einiger Zeit an, meine Finger/meine Hand ein paar Mal langsam nach unten und wieder nach oben zu bewegen, so dass der Proband die Augenlider zwangsläufig leicht schließen und wieder öffnen muss, wenn er meinen Fingern folgen will. Dadurch stellt sich meist ein Gefühl der Schwere in den Augenlidern ein.

Ich führe anschließend die Finger ganz nach unten mit den Worten „schließe jetzt Deine Augen".

Elman-Induktion

Dave Elman (eigentlich David Kopelman) war ein US-Amerikanischer Hypnotiseur und Buchautor, der die Hypnosetherapie um einen eigenen Stil erweitert hat. Er entwickelte eine Form der Induktion, die eine Trance recht schnell einleiten kann. Obwohl Dave Elman kein Arzt war, unterrichtete er Ärzte in Hypnose.

Die Induktion nach Dave Elman ist zudem geeignet, um auch bei schwierigen Probanden eine sehr tiefe Trance zu erzeugen.

Hintergrund der Technik ist die Umgehung des kritischen Faktors des Bewusstseins sowie mehrere Fraktionierungen hintereinander.

Demonstration:

Hypnotiseur:
Atme bitte ganz tief ein und aus, und schließe JETZT Deine Augen.

Und nun stell Dir einmal vor, es wäre Dir möglich Deine Augenlider tief zu entspannen, so tief das Du das Gefühl bekommst „tiefer entspannen geht nicht mehr".

Und Du vielleicht sogar das Gefühl hast, Deine Augenlider kleben NUN auf angenehme Art und Weise aneinander.

Vielleicht möchtest Du jetzt noch mal einen tiefen Atemzug nehmen.
(Der Hypnotiseur atmet tief mit!)

Zähle nun innerlich bis 3 und sage Dir: bei 3 bin ich so tief entspannt, dass meine Augenlider auf angenehme Weise aneinander kleben.

Sobald Du nun Deine Augenlider so tief entspannt hast, stell Dir bitte vor, diese Entspannung kann sich auf Deinen ganzen Körper ausdehnen... JETZT.

Lass sich nun das Gefühl der absoluten Entspannung bis in Deine Zehenspitzen ausdehnen.

Ich zähle gleich von 1 bis 3. Bei der Zahl 3 öffnest Du Deine Augen und wirst feststellen, dass diese schon ganz schwer und müde geworden sind. Anschließend zähle ich von 3 bis 1, bei der Zahl 1 schließt Du Deine Augen wieder und stellst Dir vor, dass sich die Entspannung in Deinem Körper einfach verdoppelt. Einfach vorstellen, dass sich die Entspannung in Deinem Körper mit dem Schließen Deiner Augen verdoppelt.

1...2...3... Augen auf. Sehr müde und schwer sind Deine Augen bereits geworden.

3...2...1... Augen zu. Die Entspannung verdoppelt sich.
So ist es gut.

Wenn Du dies gleich noch einmal machst, wirst Du Dich noch stärker entspannen können als vorher.

1...2...3... Augen auf. Feststellen, dass Deine Augen noch viel müder geworden sind.

3...2...1... Augen zu. Die Entspannung verdoppelt sich noch einmal.

Stell Dir vor, Du möchtest testen, ob Du auf 3 die Augen noch einmal aufbekommst. Es kann aber auch sein, dass Du dazu keine Lust mehr hast, dass Du Dir sagst „der Zustand ist gerade so angenehm und ich weiß ja, dass ich die Augen aufbekomme, wenn ich es wirklich will. Ich befolge die nächste Suggestion einfach nicht".

Das kannst Du tun, denn Du bist ja frei Suggestionen zu befolgen, oder eben nicht.

Wenn Du die Augen nicht mehr öffnen möchtest, dann stell Dir einfach vor, Du würdest sie auf 3 öffnen und auf 1 wieder schließen.

1...2...3... Augen auf.

3...2...1... Augen zu. Verdopple Deine Entspannung.

1...2...3... Augen auf.

3...2...1... Augen zu. Verdopple Deine Entspannung.

Und weil Dein Geist ebenso entspannt sein soll, wie Dein Körper, möchte ich, dass Du von 100 laut rückwärts zählst, sobald ich Dich darum bitte.

Bei jeder Zahl die Du sagst, verdoppelt sich auch Deine geistige Entspannung. Lass einfach zu, dass sich Dein Geist bei jeder Zahl die Du sprichst, doppelt so tief entspannt wie vorher.

Wenn Du bei 98 angekommen bist, wirst Du so entspannt sein, dass die Zahlen verschwunden sind.

Beginne nun mit 100 und beobachte, wie sie verschwinden, bevor Du Die Zahl 98 erreicht hast. Verdopple Deine geistige Entspannung, und beobachte, wie die Zahlen verschwinden.

Beobachte nun, wie sie schwächer werden, beobachte, wie sie verschwinden.
Lass sie einfach verschwinden ...JETZT.

Sind sie weg?

Proband: Ja.

Hypnotiseur:
So ist es gut.
Praxistipp:
Es gibt einige Probanden, die über die Zahl 98 hinauskommen. Lassen Sie einfach weiter zählen, bis alle Zahlen verschwunden sind. Sie sollten sich auf jeden Fall durch Fragen bestätigen lassen, dass alle Zahlen verschwunden sind, denn dann befindet sich der Proband mit großer Wahrscheinlichkeit in einer sehr tiefen Trance.

Verschwinden die Zahlen nicht, was auch ab und an vorkommt, vertiefen Sie die Trance zusätzlich mit einer anderen Methode. Die Elman Induktion lässt sich sehr gut mit anderen Induktionstechniken kombinieren.

Ihrer Kreativität sind dabei keine Grenzen gesetzt.

Indirekte Induktion

Kopflastige und stark zweifelnde Menschen kann man mit der indirekten Form einer Hypnoseeinleitung gut in eine brauchbare Trance führen.

Dabei ist es wichtig, dass Sie zu keiner Zeit von Trance oder Hypnose sprechen. Bitten Sie den Probanden sich gemütlich hinzusetzen oder hinzulegen und kündigen Sie an, erst einmal lediglich eine Entspannungsübung durchführen zu wollen. Sagen Sie dem Probanden „Hypnose kommt dann später, wenn Sie richtig entspannt sind"

Demonstration:

Hypnotiseur:
Du kannst Deine Augen nun schließen, wenn Du möchtest.

Atme nun einmal tief in Deinen Bauch und beobachte dabei, bis wohin Dein Atem fließt. Gehe mit Deiner Aufmerksamkeit mit der Atmung tief in Deinen Bauch und spüre, wo sich die eingeatmete Luft sammelt.

Bevor Du NUN in einen tiefen und erhol-
samen Zustand der Entspannung gleitest,
achtest Du sorgfältig auf alles, was ich Dir
sage.

Wie würde es sich zum Beispiel anfühlen,
wenn sich Deine Muskeln nun völlig entspannen würden?

Vielleicht kannst Du Dich an eine Situation
erinnern, in der sich Deine Muskeln absolut
entspannt angefühlt haben.

Such Dir jetzt mal eine Situation, in der Du
absolut entspannt warst...während Dein
Körper dazu immer etwas tiefer in die Entspannung gleitet...JETZT.

Es gibt nichts Wichtiges für Dein Bewusstsein zu tun. Ohne darüber nachdenken zu
müssen, stellt sich JETZT eine noch etwas
tiefer Entspannung ein, und Du fühlst Dich
vollkommen wohl.

Ohne es zu merken, hat sich Deine Atmung bereits verlangsamt. Du atmest nun
langsam und ruhig, tief in Deine Mitte.

Praxistipp:
Sie können Gedanken und Erinnerungen Ihres Probanden sehr gut zur Einleitung und Vertiefung einer Trance nutzen. Benutzen Sie einfach alles, was Ihnen der Proband bietet.

Muskelentspannung

Für diese Induktion ist es zweckmäßig, wenn Sie den Probanden auf eine gemütliche Unterlage legen, so dass er sich möglichst nicht mehr bewegen muss.

Sie lenken bei der Muskelentspannung die Aufmerksamkeit des Probanden gezielt auf seinen eigenen Körper und bitten ihn, aktiv mitzuarbeiten. Dadurch wird sich automatisch nach einiger Zeit ein Trancezustand einstellen.

Die Muskelentspannung ist eine sehr sanfte, angenehme Einleitung, bei der sich die Trance eher langsam vertieft.

Demonstration:

Hypnotiseur:
Bitte richte Dich so auf Deiner Unterlage aus, dass Du auch längere Zeit angenehm liegen kannst, ohne Dich bewegen zu müssen. Ich gebe Dir jetzt einige Anweisungen, die Dir helfen, Dich angenehm tief zu entspannen.

Schließe die Augen und atme ein paar
Mal ganz tief ein und aus.
So ist es gut.

Ich möchte, dass Du nun mal Deine Atmung beobachtest. Wenn Du einatmest, dann kannst Du sicher spüren, dass die Luft bis kurz hinter die Augen fließt...und von dort aus bis TIEF in Deine Mitte.

Und Dein Körper mit jedem Einatmen immer ruhiger und ruhiger wird...JETZT.

Und Du fühlst Dich vollkommen wohl.
Nun geh mit Deiner Aufmerksamkeit runter in Deine Füße. Spanne Deine Füße einmal ganz bewusst während des Einatmens an,

und entspanne sie danach mit der Ausatmung.

Wenn es Dir schwer fällt, einzelne Muskelgruppen bewusst anzuspannen oder zu entspannen, dann stell Dir einfach vor, Du würdest dies tun. Einfach vorstellen Du würdest die angesprochenen Muskeln an- und auch wieder entspannen.

Jetzt geh hinauf in Deine Beine, spanne auch diese während der Einatmung ganz bewusst an... und mit der Ausatmung ganz tief entspannen lassen.

Deine Beinmuskulatur kann sich JETZT vollständig lockern.

Und auch Deine Bauchmuskulatur anspannen mit der Einatmung ...und lösen mit der Ausatmung.

Genau so.

Du kannst sicher jetzt bereits spüren, wie Dein Körper ruhiger und gelöster ist, Du Dich vollkommen wohl fühlen kannst.

Auch Deine Brustmuskulatur mit der Einatmung anspannen, und beim Ausatmen lösen. Tiefer und tiefer...JETZT.

Und nun Deine Schultern.
Anspannen... vollkommen lösen.

Auch Deine Nackenmuskulatur.
Anspannen... ganz tief entspannen JETZT.

Dein ganzer Körper liegt nun vollkommen gelöst auf der Unterlage. Und auch Dein Kopf kann sich entspannen, wenn Du möchtest, äußerlich und innerlich.

Wenn Du nun mit Deiner Aufmerksamkeit Deine Stirn beobachtest, spürst Du vielleicht, wie Deine Stirnmuskeln immer glatter und glatter werden... und Du tiefer und tiefer in diesen angenehmen Zustand der absoluten Entspannung sinkst.

Praxis-Tipp: Die Muskelentspannung kann pro Muskelgruppe natürlich auch mehrmals an- und entspannt werden. Achten Sie darauf, wie gut Ihnen Ihr Proband folgt.

Diese Art der Hypnoseinduktion beansprucht in der Regel mehr Zeit, so dass Sie dies im Vorfeld einplanen sollten.

Konfusion

Konfusion bedeutet Verwirrung, Unklarheit. Wenn Sie schaffen das Bewusstsein Ihres Probanden zu verwirren, dann wird sich automatisch nach kurzer Zeit eine Trance einstellen, mit der Sie entsprechend arbeiten können.

Sie kennen diese Situation sicher selbst. Versucht Ihnen jemand etwas zu erklären, dass zu kompliziert oder verwoben ist, dann überfordert dies nach kurzer Zeit Ihr Bewusstsein und Sie können der Person nicht mehr folgen. Ab diesem Moment wird Ihr Bewusstsein alles akzeptieren, was es wieder nachvollziehen kann, und genau dem folgen.

Diese Induktion ist besonders geeignet für sehr kontrollierte Menschen, da sie die rationale Verarbeitung stört.

Demonstration:

Hypnotiseur:
Lenke Deine Aufmerksamkeit jetzt bitte auf Deine beiden Arme und prüfe, ob Dein rechter oder linker Arm schwerer ist.

Ist Deine linke oder rechte Seite nun schwerer? Fühlt es sich oben oder unten anders an?

Kannst Du das überhaupt genau sagen? Aber wenn sich tatsächlich der eine Arm schwerer anfühlt als der Rechte, dann kann es auch sein dass Du Dir erst dann darüber klar wirst, ob Deine Körperwahrnehmung Wirklichkeit ist, oder lediglich Einbildung.

Wie würde es sich anfühlen, wenn Deine Arme jetzt hier wären, Du aber ganz woanders? Zu welchem Ergebnis würdest Du kommen, wenn Du jetzt dabei immer tiefer in die angenehme Entspannung sinkst.

Wenn Dein Unbewusstes seine Aufmerksamkeit nun darauf lenkt, was Dein Bewusstsein davon versteht, wie sich Dein Unbewusstes nun fühlt, dann kann Dein Bewusstsein mehr oder weniger unbewusst arbeiten, da Dein Unbewusstes JETZT die Kontrolle übernimmt.

Praxistipp:
Lassen Sie dem Probanden nicht zu viel Zeit zum Überlegen.

Klassische Blitzinduktion

Die klassische Blitzinduktion ist im Grunde eine reine Showhypnose-Induktion. Dabei wird der Umstand ausgenutzt, dass der Körper auf eine sich nähernde Hand in dem Maße reagiert, dass er versucht, den ursprünglichen Abstand zwischen Hand und Kopf auszugleichen.

Für diese Induktion stellt sich der Hypnotiseur seitwärts neben den Probanden. Der Proband sollte die Füße eng zusammenstehen haben. Seine Hand hält der Hypnotiseur ca. 40cm oberhalb der Stirn („drittes Auge") des Probanden und beginnt mit entsprechenden Suggestionen. Dabei bewegt er die Hand langsam auf die Stirn des Probanden zu.

Man kann die Wirkung noch unterstützen, indem man eine Hand zusätzlich mit ganz leichtem Druck mittig unterhalb des Nackens des Probanden auflegt, und diese bei der Suggestion „Ganz fest zieht Dich etwas nach hinten..." vom Probanden löst. Der Körper des Probanden versucht, den leichten Druck der Hand mit Gegendruck auszugleichen. Durch das Lösen der Hand entsteht so beim Probanden das Gefühl, es würde ihn tatsächlich etwas nach hinten ziehen.

Da der Proband sich bei dieser Technik nach hinten fallen lassen soll, muss unbedingt eine zweite Person anwesend sein, die den Probanden sicher auf den Boden geleitet.

Demonstration:

Hypnotiseur:
Konzentriere Dich bitte auf meine Hand. Ganz fest auf meine Hand konzentrieren, ganz fest, ohne zu blinzeln.

Du wirst gleich spüren, dass Dich etwas nach hinten zieht. Dann lasse Dich einfach nach hinten fallen, Dir kann nichts passieren, Du wirst sicher aufgefangen.

Ganz fest zieht Dich etwas nach hinten, ganz fest, als würde Dich jemand an Deiner Schulter packen und Dich nach hinten ziehen. Der Sog wird immer stärker und stärker. Ganz fest zieht es Dich JETZT nach hinten.

Praxistipp:
Durch die Fallbewegung wird eine schnelle Vertiefung bewirkt. Anschließend sollte man den am Boden liegenden Probanden mit entsprechenden Suggestionen vertiefen.

Dass diese Induktion ausschließlich Showzwecken dient und ansonsten nicht zu gebrauchen ist, versteht sich von selbst. Im therapeutischen Bereich verschreckt man seine Probanden eher mit solch einer Vorstellung.

Handshake-Induktion

Diese Schnellinduktion arbeitet mit Konfusion und Fixation.

Dazu wird der Proband erst verwirrt, dann auf seine Handinnenfläche fixiert und somit in Trance geleitet. Die Induktion kann im Sitzen oder Stehen angewandt werden, im Liegen ist sie eher unpraktisch.

Reichen Sie dem Probanden zum Schein die Hand. Sobald er Ihnen die Hand entgegenstreckt, fassen Sie schnell mit Ihrer Hand der gleichen Seite das Gelenk außen und führen die Hand des Probanden in eine Position ca. 25cm vor sein Gesicht, so dass er seine Handinnenfläche sehen kann.

Demonstration:

Hypnotiseur:
Schau mal ganz genau auf die Linien in Deiner Hand.

Ganz genau beobachten... auf die verschiedenen Formen und Richtungen.

Und Du bemerkst sicher, dass Deine Hand immer näher kommt. (nun die Hand des Probanden langsam Richtung seiner Stirn bewegen).

Ganz konzentriert Deine Handinnenfläche beobachten und ruhiger werden. Ganz ruhig und entspannt.

Wenn Deine Hand gleich Deine Stirn berührt, schließt Du die Augen und sinkst tief in einen angenehmen Zustand.

Ganz tief...ganz angenehm...

(Hand berührt die Stirn)

Schlaf.

(Zeitgleich mit dem Wort „Schlaf" kippen Sie mir Ihrer anderen Hand den Kopf des Probanden vom Nacken aus so nach vorne, als würde er eine Schlafposition einnehmen.

Praxistipp:
Um diese Induktion sicher zu beherrschen, benötigen Sie einige Übung. Wichtig ist, dass Sie absolut selbstsicher auftreten!

Permissive Induktion

Durch die permissive Induktion erreichen Sie in der Regel eine sehr schnelle und recht tiefe Trance.

Demonstration:

Hypnotiseur:

Bist Du nun bereit, in eine angenehme Trance zu gleiten?

(normalerweise antwortet der Proband mit „Ja".)

Hypnotiseur:
Schließe jetzt bitte Deine Augen, atme tief in Deine Mitte und spüre, wie Du mit jeder Ausatmung etwas tiefer in eine angenehme Entspannung gleitest.

Ich nehme nun Deine Hand.
(nehmen Sie die Hand des Probanden, als ob Sie seine Hand schütteln wollen)

Wenn ich Dich gleich bitte Deine Augen zu öffnen, öffne diese und schau mir in die Augen. Ich werde dann von 3 rückwärts zählen und bei der Zahl 1 schließt Du Deine Augen wieder.

Du wirst Dich noch lockerer und entspannter fühlen, sobald Du Deine Augen wieder geschlossen hast. Hast Du das verstanden?

(warten Sie auf eine bejahende Reaktion)

Öffne JETZT Deine Augen. Ich möchte, dass Du Deine Augen offen hältst, bis ich bei „null" angekommen bin.

Drei...
Deine Augenlider fühlen sich bereits jetzt schwer und müde an.

Zwei...
Immer noch etwas schwerer fühlen sich die Augenlider an. Müde und schwer.

Eins...
Bei „null" schließt Du die Augen und wirst noch tiefer in diese angenehme Trance fallen.

Null...
Augen zu, und tiefer sinken lassen. JETZT.

Praxistipp:
Wenn der Proband die Augen nicht bis zur „null" offen halten kann, dann benutzen Sie den vorzeitigen Augenschluss als Vertiefung, etwa so: „Deine Augenlider sind bereits jetzt so entspannt, dass Du sie nicht bis „null" aufhalten kannst. Diese Entspannung Deiner Augenlider dehnt sich JETZT auf Deinen ganzen Körper aus. Stell

Dir vor wie sich das anfühlen würde, wenn
sich die Entspannung JETZT in Deinen ganzen Körper ausbreitet.

Neun-Wörter-Induktion

Die Wirksamkeit dieser Blitzinduktion ba-
siert auf einem „Schockeffekt".

Erschrickt man einen Probanden mit einer
Aktion die er nicht erwartet, entsteht für
ein kurzes Zeitfenster (ca. 1 Sekunde) ein
Zustand der Verwirrung.

Der Proband hat für diese Situation kein
passendes Reaktionsschema und flüchtet
sich in eines, das man ihm anbietet. In
unserem Fall natürlich die Trance.

Diese Induktion wird üblicherweise im Sitzen oder Stehen angewandt.

Dazu lässt man den Probanden seine Han-
dinnenseite mit leichtem Druck auf die eigene legen. Anschließend lässt man ihn die
Augen schließen und zieht die Hand uner-

wartet unter seiner Hand weg. In diesem Augenblick muss das Kommando „Schlaf" gegeben werden. Das Timing ist hier von enormer Wichtigkeit, damit das Reaktionsmuster angenommen wird.

Demonstration:

Hypnotiseur:
Drück Deine Hand in meine.
Schließe Deine Augen

(Hand wegziehen nach einigen Sekunden)
-> „Schlaf"

Praxistipp:
Das Timing ist bei dieser Induktion überaus wichtig. Beobachten Sie den Probanden genau, um den richtigen Moment abzupassen, um die Hand wegziehen.

Diese Induktion erzeugt bei den meisten Probanden keine tiefe Trance, sondern es sollte direkt nach dem Kommando „Schlaf" vertieft werden. Steht oder sitzt der Proband, kann ein leichtes Hin- und Herschaukeln der Schultern des Probanden ihn zusätzlich vertiefen.

Eine sehr schöne Möglichkeit ist es, diese Induktion zu benutzen, wenn ein Proband eine zweite Sitzung besucht. Dazu etabliert man in der ersten Sitzung einen „Schnellhypnose-Anker", indem suggeriert wird, dass der Proband jedes Mal, wenn man seinen Arm anhebt und fallen lässt, tief in Trance sinken wird. Durch das wegziehen der Hand bei der Schnellinduktion wird der Arm praktisch fallen gelassen, was eine sofortige Trance auslöst.

Count-Down-Induktion

Bei dieser Induktion bittet man den Probanden, sich einen Count-Down vorzustellen. Etwa den Count-Down eines Raketenstarts.

Dabei soll der Proband seinen Arm nach vorne strecken und sich einen Hebel vorstellen, den er zieht, sobald der die Zahl 0 erreicht hat. Bei der Zahl 2 allerdings drückt man den Arm plötzlich nach unten mit dem Kommando „Schlaf". Dann sollte sofort vertieft werden.

Hier wirkt das gleiche Prinzip, wie bei der „Neun-Wörter-Induktion". Der Proband erschrickt und nimmt so dass angebotene Verhaltensmuster an. Diese Induktion kann im Sitzen oder Stehen angewandt werden.

Demonstration:

Hypnotiseur:
Bitte stell Dich gerade hin, Füße zusammen. Schließe bitte die Augen, und strecke Deinen Arm nach vorne. Stell Dir vor, Du stehst in einem Kontrollraum. So einer, wie ihn die Nasa nutzt vor einem Raketenstart. Du hast einen Hebel in der Hand, mit dem Du gleich eine riesige Rakete starten lassen kannst. Dazu zählst Du, sobald ich es Dir sage, den Count-Down von 10 auf 0. Bei 0 ziehst Du den Hebel nach unten und lässt die Rakete starten. Möchtest Du das so tun?

Proband: Ja.

Hypnotiseur:
Sehr gut.
Dann starte jetzt bitte den Count-Down.

Proband: 10...9...8...7...6...5...4...3...2

(Arme des Probanden bei 2 blitzartig nach unten drücken)
Hypnotiseur: „Schlaf"

Praxistipp:
Bei Induktionen, die im Stehen angewandt werden, kann durch eine leichte Schaukel-bewegung des Probanden die Trance zu-sätzlich vertieft werden. Legen Sie Ihre Hand auf seine Schulter und wiegen Sie ihn leicht hin und her.

Vertiefungstechniken

Vertiefungsmethoden werden direkt im Anschluss an die Induktionen eingesetzt, um den Probanden in eine brauchbare Trancetiefe zu führen.

Auch hier gibt es verschiedene Methoden, und nicht jede Methode passt zu jedem Probanden. Aus Erfahrung kann ich sagen, dass es bei einer Ersthypnose fast immer mindestens zwischen 15 und 20 Minuten dauert, bis der Proband in einer guten Trancetiefe angekommen ist. Schnellere Probanden gibt es natürlich, stellt aber die Ausnahme dar. Auch hier werden Sie mit der Zeit ein Gespür dafür erlangen, wann Sie mit dem Wirkteil der Sitzung beginnen können.

Wichtig zu erwähnen ist noch, dass eine Trance in Wellen verläuft. Der Proband sinkt also erst etwas in Trance, um wieder herauszukommen, um dann anschließend noch tiefer zu sinken. Dieses Wellenmuster wird allerdings kleiner, je tiefer sich der Proband in Trance befindet.

Dies bedeutet also, dass eine tiefere Trance das eindeutig stabilere Stadium darstellt.

Klassische Zählmethode

Eine sehr sichere Methode zur Vertiefung einer Trance ist das Rückwärtszählen. Dabei zählt der Hypnotiseur nach der Einleitung rückwärts und gibt dem Probanden bei jeder Zahl entsprechende Suggestionen.

Demonstration:

Hypnotiseur:
Ich zähle gleich von 5 runter auf 1.
Bei jeder Zahl gehst Du etwas tiefer in diesen angenehmen Ruhezustand. Bei jeder Zahl kannst Du es Dir erlauben, noch ruhiger zu werden, Dich noch wohler zu fühlen, noch tiefer zu sinken.

Möchtest Du das?

(in der Regel erfolgt eine bejahende Reaktion)

5:
Du gleitest tiefer und tiefer in diesen angenehmen Ruhezustand. Die Außenwelt kann NUN vollkommen an Bedeutung für Dich verlieren.

4:
Alles um Dich herum wird absolut gleich gültig und ist ganz weit weg...
...außer meiner Stimme. Du kannst Deine Bewussten Gedanken einfach so gehen

lassen, wie sie kommen. Du musst nichts dafür tun. Es passiert ganz von selbst.

3:
Mit jedem meiner Worte kannst Du noch etwas tiefer gehen...JETZT, ohne dass Du etwas dafür tun musst. Deine Entspannung wird sich mit der nächsten Zahl ganz von selbst verdoppeln.

2:
Bei der nächsten Zahl bist Du vollkommen entspannt. So tief entspannt wie nie zuvor, und fühlst Dich vollkommen wohl.

1:
Du bist nun tief entspannt. Ganz tief und es ist nun vollkommen still in Dir. Nichts kann Dich nun mehr stören, während dein Bewusstsein meiner Stimme zuhört, kann Dein Bewusstsein schlafen.

Praxistipp:
Sehr suggestible Probanden erreichen mit dieser Vertiefungsmethode recht schnell sehr tiefe Trancezustände.

Entspannungsmethode

Diese Vertiefung spielt mit den Wahrnehmungen des Probanden. Dadurch wird seine Aufmerksamkeit auf seine Körperwahrnehmung fixiert, was zu einer zusätzlichen
Vertiefung führt.

Demonstration:

Hypnotiseur:
Fühle jetzt einmal in Deine Arme hinein.
Deine Arme fühlen sich GANZ SCHWER
und müde an. Schwer und müde.

Wenn ich nun Deinen Arm hebe, wirst Du
das ganze Gewicht Deines Arms ganz
deutlich wahrnehmen.

(heben Sie den Arm des Probanden an)

Und wenn ich den Arm jetzt gleich fallen
lasse, spürst Du wie das Gewicht ihn nach
unten zieht und dieses Gewicht sich in
Deinen ganzen Körper ausbreitet, als Welle
der angenehmen, warmen Entspannung.

(lassen Sie den Arm des Probanden fallen)

Wiederholen Sie das Ganze mit dem anderen Arm des Probanden.

Praxistipp:
Sie können auch mit der reinen Vorstellung des Probanden arbeiten, in dem Sie ihn anweisen, sich das Fallen seines Arms einfach nur vorzustellen. So ist das Bewusstsein des Probanden etwas mehr gefordert.

Klassische Treppenvertiefung

Diese Vertiefung arbeitet mit der Vorstellung dass der Proband eine Treppe hinabsteigt, damit sich seine Trance mit jedem Schritt synchron dazu vertieft.

Durch diese Vorstellung ergeben sich mehrere Möglichkeiten. Hier die Version, die ich persönlich bevorzuge. Dabei verliert der Proband nach und nach das Körpergefühl, was eine zusätzliche Vertiefung bewirkt.

Demonstration:

Hypnotiseur:
Stell Dir nun bitte vor Deinem geistigen Auge eine große, breite Treppe ohne Geländer vor.

Kannst Du sie sehen?

Proband: Ja.

Hypnotiseur:
Wenn Du nun nach unten schaust, bemerkst Du, dass Du das Ende der Treppe nicht sehen kannst, weil es völlig im Dunkeln liegt.

Möchtest Du, dass ich Dich begleite, wenn Du gleich die Treppe hinab steigst?

Proband: Ja.
(Wenn der Proband mit Nein antwortet, lassen Sie ihn alleine gehen.)

Hypnotiseur:
Gut.
Dann nehme ich Dich nun an die Hand und wir gehen gemeinsam langsam die Treppe hinab. JETZT.

Stufe für Stufe. Immer tiefer und tiefer. Und langsam wird alles um Dich herum immer dunkler und dunkler. Aber Du kannst vollkommen sicher sein, dass Dir nichts geschieht und Du auch in völliger Dunkelheit die Stufen triffst, denn ich führe Dich.

Je tiefer wir die Stufen hinabsteigen, desto dunkler wird es um uns.

So dunkel, dass Du gleich nichts mehr sehen kannst. Alles ist vollkommen dunkel. JETZT.

Siehst Du noch etwas?

Proband: Nein.
(Wenn ja, einfach weiter in die Dunkelheit hinabsteigen, bis der Proband nichts mehr sieht.)

Hypnotiseur:
Gut.

Ich führe Dich nun weiter die Treppe hinab und Du spürst vielleicht, wie Dein Körper immer leichter und unbeschwerter wird. Immer leichter und unbeschwerter wird

Dein Körper, je tiefer wir in die Dunkelheit hinabsteigen. So leicht und schwerelos, als könntest Du über den Boden schweben. JETZT.

Lass es einfach zu, dieses angenehme und leichte Gefühl zu spüren. Und Du fühlst Dich vollkommen wohl.

Wenn ich Dir gleich sage dass wir unten angekommen sind, wirst Du noch einmal doppelt so tief in diesen angenehmen Zustand gehen.

JETZT sind wir unten angekommen und Du fühlst Dich vollkommen wohl, leicht und schwerelos.

Praxistipp:
Dadurch, dass der Hypnotiseur mit dem Probanden „mitgeht", akzeptiert dieser die Führung des Hypnotiseurs. Durch die Dunkelheit und das schwerelose Gefühl verliert der Proband in der Regel sein Körpergefühl. Hier können nun entsprechende Zielsuggestionen gegeben werden.

Wichtig ist, im Vorgespräch abzuklären, ob keine Ängste vor Dunkelheit oder eine Ab-

*neigung gegen Gefühle der Schwerelosig-
keit bestehen.*

Hypnose in Hypnose

Bei dieser Technik hypnotisiert man den
Probanden einfach imaginär noch einmal.
Probanden können sich meist ab dem Zeit-
punkt der Hypnose in Hypnose an die darauf folgenden Begebenheiten nicht mehr
erinnern.

Demonstration:

Hypnotiseur:
Stell Dir bitte vor Deinem geistigen Auge
jetzt einmal den Raum vor, in dem wir uns
gerade befinden.

Du liegst angenehm und absolut entspannt
auf der Liege.

Ich sitze neben Dir, halte Dir jetzt meine
Finger vor die Augen.

Bitte fixiere meine Finger nun ohne zu blinzeln ganz konzentriert.

Ganz konzentriert den Punkt beobachten, an dem sich meine Finger berühren.

Schnell wirst Du meine Finger verschwommen sehen und spüren, dass Deine Augenlider schwerer und schwerer werden. Immer schwerer und schwerer...JETZT.

So schwer, dass Du sie bald nicht mehr aufhalten kannst und einfach schließen möchtest.

Und Du gehst tief...immer tiefer...
JETZT.

Praxistipp:
Die Szenerie kann man natürlich entsprechend seiner Phantasie ausbauen und mit diversen Einleitungsmethoden kombinieren.

Durch diese Technik wird zudem sehr sicher ein tiefer Trancezustand erzeugt.

Die Kinoleinwand

Eine weitere sehr sichere Vertiefung ist die Visualisierung einer Kinoszene. Jeder Mensch war schon einmal in einem Kino, deshalb kann diese Vorstellung sehr gut aktiviert werden.

Demonstration:

Hypnotiseur:
Stelle Dir bitte vor Deinem geistigen Auge einen großen, hellen Kinosaal mit einer riesigen Leinwand vor.

Du bist völlig allein in diesem Kinosaal und schaust jetzt gebannt auf die Leinwand.

Langsam wird das Licht dunkler um Dich herum. Dunkler und dunkler.

Auf der Leinwand erscheint die große weiße Zahl 10: Du gehst tiefer in diesen angenehmen Zustand.

9: Tiefer und tiefer, immer tiefer.

8: Alles um Dich herum wird still.

7: Du fühlst Dich vollkommen wohl.

6: Du sinkst tief in Deinen gemütlichen Kinositz ein.

5: Es ist nun ganz dunkel im Kinosaal, nur die Leinwand ist zu sehen.

4: Mit jeder Zahl gehst Du noch tiefer...JETZT

3 ... 2 ... 1 ... und fühlst Dich vollkommen wohl.

Aber ganz egal wie tief Du auch gehst, irgendetwas wird den Kontakt zu meiner Stimme halten, so dass Du alles hören, sehen und spüren kannst, was ich Dir sage.

Praxistipp:
Bitte auch hier vorher abklären, ob eventuelle Ängste bestehen.

Der Fahrstuhl

Die Vorstellung einer Fahrstuhlfahrt in die Tiefe ist gut zur Vertiefung geeignet.
Dabei kann z.B. das Schaukeln des Fahrstuhls benutzt werden, wenn er in Bewegung ist. Jeder Proband kann dieses Gefühl nachempfinden.

Demonstration:

Hypnotiseur:
Stell Dir bitte vor, Du stehst vor einer geschlossenen Fahrstuhltüre.

Diese Fahrstuhltüre öffnet sich JETZT und Du gehst in den Fahrstuhl hinein.

Bist Du drin?

Proband: Ja.

Hypnotiseur:
Vielleicht wird in diesem Fahrstuhl eine angenehme Musik gespielt, vielleicht ist er in Farben gestrichen, die Du besonders gerne magst. Du kannst Dich vollkommen wohl und sicher fühlen in diesem Fahrstuhl.

Wenn Du magst, kannst Du Dich auch auf den Boden setzen. Es liegt für Dich extra ein gemütliches Kissen in diesem Fahrstuhl, irgendwo in einer Ecke, bereit.
Hast Du es gefunden?

Proband:
Ja.

Hypnotiseur:
Gut. Mache es Dir bequem. Ich lasse den Fahrstuhl nun langsam in die Tiefe fahren für Dich.

Die Türe schließt sich und der Fahrstuhl setzt sich langsam in Bewegung.
Vielleicht spürst Du auch das leichte, angenehme Gefühl, wenn man in die Tiefe fährt. Ein angenehmes Schaukeln.

Kannst Dich dort auf Deinem Kissen vollkommen entspannen, tiefer gehen, Dich vollkommen wohl fühlen.

Und während Du in die Tiefe fährst, JETZT, können Deine Gedanken mit jedem Meter, den Du hinab fährst, langsamer werden.

Du wirst mit jedem Meter, den Du hinab
fährst, ruhiger, gelöster...
Fühlst Dich vollkommen wohl.

Du spürst, dass der Fahrstuhl sich nun
nicht mehr bewegt. Er ist unten angekommen.

Langsam öffnet sich die Fahrstuhltüre und
damit das Tor zu Deinem Unbewussten...

Praxistipp:
Bei Menschen mit Platzangst oder Angst
vor Fahrstühlen ist diese Vorstellung nicht
zu verwenden.

Hat man die gewünschten Suggestionen
gesetzt, kann man mit der umgekehrten
Fahrt (nach oben) die Trance wieder auflö-
sen. Dabei bitte nicht vergessen, die Fahr-
stuhltüre (das Tor zum Unbewussten) wie-
der zu schließen.

Der Vogel

Diese Vertiefung hat sich in der Praxis sehr gut bewährt. Es entsteht nicht selten eine Spontanamnesie beim Probanden.

Demonstration:

Hypnotiseur:
Stelle Dir nun bitte einen blauen Himmel vor. Ein Himmel, wie er an einem angenehm warmen Sommertag aussieht. Es sind, wenn überhaupt, nur ganz wenige weiße Wölkchen am Himmel. Und irgendwo dort kreist ein Vogel ganz leicht und schwerelos. Kannst Du den Vogel sehen, dann nicke bitte. (Reaktion abwarten)

Gut. Ganz schwerelos, ganz leicht zieht der Vogel dort am Himmel seine Kreise. Und mit jedem Kreis, den der Vogel zieht, sinkst Du etwas tiefer... und tiefer... in diesen angenehmen Ruhezustand. JETZT. So ist es gut.

Praxistipp:

Steht der Proband, wirken leichte Wiege-
bewegungen in Zusammenhang mit dieser
Visualisierung Wunder!

Trancetiefe testen

Leider muss ich Sie enttäuschen, es gibt
keinen sicheren Indikator, an dem man die
tatsächliche Trancetiefe eines Probanden
feststellen könnte.

Es gibt allerdings einige Parameter, die Sie
beobachten können. Diese Parameter deuten auf eine Trance hin bzw. auf einen direkten Zugang zum Unbewussten.

Körperliche Reaktionen, wie

unwillkürliches Muskelzucken
flatternde Augenlider
tiefe Bauchatmung
Bauchgeräusche (Grummeln)
„Glattere" Gesichtszüge

deuten auf einen Entspannungszustand
hin.

Sofern Sie ideomotorische Signale erhalten, deutet das auf den direkten Zugang zum Unbewussten des Probanden hin. Ideomotorische Signale unterscheiden sich dabei von willkürlichen Bewegungen in der Art, dass diese eher wie „Muskelzuckungen" aussehen.

Durch testen der Reaktionen auf Suggestionen erhält man die Information, ob der Proband sich in einem kooperationsfähigen Stadium der Hypnose befindet. Hier verwendet man leicht zu beobachtende Phänomene, wie etwa die Atemfrequenz.

Sie werden allerdings bald ein Gefühl dafür entwickeln, ob sich der Proband in einer brauchbaren Trance befindet.

Tranceauflösung

Eine Trance sollte selbstverständlich zu Ende der Sitzung sorgfältig aufgelöst werden. Passiert dies nicht oder nicht ausreichend, empfindet der Proband nach dem

Öffnen der Augen möglicherweise Schwindel, Benommenheit oder Unwohlsein

Klagt der Proband über solche Symptome, vertiefen Sie die Trance noch einmal, um die Auflösung noch einmal durchzuführen. In der Regel sind die Symptome dann verschwunden.

Es empfiehlt sich dazu, den Probanden einige Zeit nach der Trance nicht am öffentlichen Straßenverkehr teilnehmen zu lassen, sofern er noch leicht benommen oder desorientiert wirkt.

Demonstration:

Hypnotiseur:
Mach Dich JETZT langsam bereit zurück zu kommen ins Hier und Jetzt.

Ich zähle gleich von 1 bis 7. Bei jeder Zahl kommst Du ein Stück zurück, bei der Zahl 7 bist Du hellwach, fit, erholt, bist handlungs- und entscheidungsfähig und fühlst Dich vollkommen wohl.

1:
Du kommst ein Stück zurück.

2:
Du wirst wacher und wacher.

3:
Schwere und Müdigkeit weichen aus Deinem Körper.
(Rücknahme der Wirksuggestionen wie Schwere, Müdigkeit etc.)

4:
All das Gesagte wird genau eintreffen, weil es Deinen eigenen Wünschen entspricht und gut für Dich ist.

5:
Du kommst weiter zurück... JETZT – und fühlst Dich vollkommen wohl.

6:
Du machst Dich dazu bereit, die Augen bei 7 zu öffnen

7:
Augen auf! Du bist hellwach, fit, erholt, bist handlungs- und entscheidungsfähig und fühlst Dich vollkommen wohl.

Weitere Variante:

Hypnotiseur:
Atme nun tief ein und aus.
Mit den kommenden Atemzügen verschwinden alle Bilder, alle Gedanken und Dein Bewusstsein richtet sich vollkommen auf das Hier und Jetzt.

Mit jedem Atemzug weichen Schwere und Müdigkeit aus Deinem Körper, kehrt die volle Kraft und Energie in Deine Muskulatur zurück und Dein Puls und Blutdruck steigen auf für Dich im Wachzustand normale Werte.

Öffne nun beim nächsten Atemzug die Augen, Dein Kopf ist angenehm leicht und frisch. Du fühlst Dich vollkommen wohl.

Praxistipp:
Führen Sie die Ausleitung nicht zu schnell durch! Ermöglichen Sie dem Probanden auch nach dem Öffnen der Augen noch einige Augenblicke um sich zu orientieren.
Die Empfänglichkeit für Suggestionen bleibt für einige Zeit nach dem Öffnen der Augen erhalten. In dieser Zeit ist es sinn-

voll, weitere Zielsuggestionen einzubrin-
gen.

Allgemeine Hinweise

Beobachten Sie Ihren Probanden während der Hypnose genau und achten Sie auf seine Körpersprache. Suggerieren Sie keine Dinge, die noch nicht eingetroffen sind oder aber unlogisch erscheinen.

Paradoxe Interventionen können zwar als Konfusion benutzt werden, hier ist allerdings das Timing wichtig und es bedarf einiger Erfahrung, diese richtig anzuwenden.

Ein häufig gemachter Anfängerfehler:

Der Proband reagiert auf die Fixations-methode sehr schnell und schließt seine Augen früher, als Sie dachten. Wenn Sie streng nach Skript arbeiten und suggerieren

Hilfreich ist es, seine Worte mit den körperlichen Reaktionen des Probanden zu synchronisieren. Sagen Sie z.B. nicht „einatmen", wenn der Proband gerade ausatmet.

Machen Sie sich bereits beim Erarbeiten der Sitzung Gedanken darüber, was Ihre Suggestionen beim Probanden auslösen könnten. Ab einer entsprechenden Trancetiefe ist der Proband sehr stark beeinflussbar, so dass Ihre Suggestionen durchdacht sein sollten.

Die größte Panik eines Hypnotiseurs in den Anfängen ist der Versprecher während der Einleitung.

Diese Angst ist völlig unbegründet!

Ein Versprecher wird den Ablauf einer Trance in keiner Weise stören oder gar unterbrechen. Lassen Sie sich davon nicht aus der Ruhe bringen. Korrigieren Sie Ihren Versprecher oder fahren ohne Korrektur fort.

Versteht das Unbewusste Negationen?

In einigen Büchern ist zu lesen, dass Unbewusste würde keine Negationen verstehen, und man solle das Wort „nicht" aus seinen Suggestionen streichen. Oft wird Bezug auf Suggestionen zur Raucherentwöhnung genommen, in dem behauptet wird die Suggestion „Du wirst nicht mehr rauchen" würde als „Du wirst mehr rauchen" interpretiert. Aus meiner persönlichen Erfahrung kann ich sagen, dass diese Annahme falsch ist.

Das Unbewusste versteht sehr wohl Negationen. Das Sinnverständnis ist auch in tiefster Trance nicht gänzlich ausgeschaltet. Allerdings ist eine Suggestion die positiv formuliert wird, wirkungsvoller. So etwa „Du bist ab sofort glücklicher und gesunder Nichtraucher".

Ist jeder Mensch hypnotisierbar?

An dieser Stelle muss ich mich korrigieren. In meiner ersten Veröffentlichung vertrat ich die Ansicht, dass jeder Mensch hypnotisierbar ist. Allerdings haben diverse Untersuchungen gezeigt, dass eben nicht jeder Mensch hypnotisierbar ist. Allerdings vermute ich, dass es sich hierbei um einen geringen %-Satz handelt.

Kann man einen Menschen unter Hypnose zu einem Verbrechen bewegen?

Ja und Nein.

Ich vertrete die Auffassung, dass man einen Menschen nur dann zu einer bestimmten Handlung bewegen kann, wenn dieser Mensch diese Handlung auch ohne Hypnose mit seinem Gewissen vereinbaren würde. Demnach liegt die Möglichkeit in der Persönlichkeit des Menschen begründet und nicht in der Hypnose.

Arbeit mit Trance

In diesem Kapitel möchte ich Ihnen einige Hinweise geben, wie man mit einer Trance arbeiten kann.

Posthypnotische Suggestionen

Eine posthypnotische Suggestion ist eine Suggestion, die nach der Trancesitzung weiterwirkt, oder auf einen bestimmten Auslöser hin im Bewusstseinszustand zu wirken beginnt. Sie kann verglichen werden mit einer Art konditioniertem Reflex.

Klassische Indikationen für posthypnotische Suggestionen sind Raucherentwöhnungen, Gewohnheitskontrolle und natürlich die Showhypnose.

Untersuchungen haben gezeigt, dass bedeutungslose posthypnotische Suggestionen selten vom Probanden angenommen werden (3% gem. Perry 1977). Anzunehmen ist jedoch, dass eine kontextbezogene posthypnotische Suggestion deutlich besser befolgt wird. Hierzu gibt es allerdings kaum Nachweise zur gezielten therapeutischen Anwendung posthypnotischer Suggestionen. Dabei kann die Suggestion zeitlich begrenzt werden, oder aber auf einen längeren Zeitraum ausgelegt sein.

Selten gelingt das Ankern der posthypnotischen Suggestion beim ersten Versuch, meist sind mehrere Wiederholungen notwendig.

Eine posthypnotische Suggestion die sehr oft zum Erfolg führt, ist die posthypnotische Amnesie.

Beispiel:

„Sobald Du die Augen geöffnet hast, wirst Du alles was ich in dieser Sitzung zu Dir gesagt habe, vergessen haben. Es wird ausgewischt, wie ein Schwamm auf einer Schultafel die Kreide auswischt."

Als Überprüfung können Sie die Frage stellen:

„Versuche Dich bitte daran zu erinnern, was ich … zu Dir gesagt habe. Je mehr Du versuchst Dich zu erinnern, desto weniger wird es Dir gelingen."

Die Amnesie sollte selbstverständlich nur in vorheriger Absprache mit dem Probanden durchgeführt werden. Hat der Proband keine Einwilligung dazu gegeben oder wird er dadurch überrascht, die, für die Arbeit sehr wichtige, Vertrauensbasis möglicherweise gestört.

Ressourcenarbeit

Ressource bedeutet Hilfsmittel, Fähigkeit oder Kompetenz.

Es wird davon ausgegangen, dass jeder Mensch gewisse Ressourcen in sich trägt. Während Fähigkeiten als angeboren und damit nicht erwerbbar gelten, können Kompetenzen sehr wohl durch Interaktion mit der Umwelt erworben werden.

Da Ressourcen zur „natürlichen Ausstattung" des Menschen gehören, verfügen wir in der Regel auch über die Möglichkeiten, ein Problem mittels dieser Ressourcen zu lösen. Dabei sind sie oft lediglich verdeckt und können durch die Arbeit mit und am Unbewussten offengelegt werden.

In Hypnose richtet man daher sein Augenmerk auf die Ziele und Potentiale seines Probanden. Vorhandene Symptome sollten als Lösungsversuche des Unbewussten gesehen werden und können dem Hypnotiseur als Orientierungshilfe dienen. Lassen Sie sich also vom Probanden genau beschreiben, wie er sein Symptom wahrnimmt. Achten Sie dabei besonders auf seine Wortwahl.

Hypnose ist ein ressourcenfördernder Zustand, das zeigt die Erfahrung vieler Hypnotherapeuten. Veränderungen sind in Trance häufig schneller und nachhaltiger zu erwirken, als Veränderungsarbeit ohne Trance.

Im Trancezustand hat der Proband einen direkten und oft erweiterten Zugang zu Emotionen und Erinnerungen, die dann freier und kreativer be- und verarbeitet werden können. Gerade in Bezug auf die Verarbeitung belastender Situationen bewirkt Trancearbeit eine Neubewertung der Vorkommnisse und führt somit zu einer schnellen Entlastung in der Wahrnehmung des Probanden.

Wie funktioniert die Ressourcenarbeit in der Praxis?

Drei Schritte sollten Sie beachten.

1. Identifikation / Bewusstmachung

2. Definition / Anpassung

3. Organisation

Im ersten Schritt werden geeignete Ressourcen gefunden, indem ein klares Ziel formuliert und gesetzt wird. Es sollte deutlich zu erkennen sein, wofür die Ressourcen benötigt werden. Dabei kann all das eine Ressource darstellen, was zur Zielerreichung genutzt werden kann.

Im zweiten Schritt erfolgt die deutliche Beschreibung, was die spezifische Ressource kennzeichnet. Welches aus der Ressource resultierende Wissen ist möglicherweise zielführend? Wie kann die Ressource modifiziert werden, dass sie besser zum Ziel führt?

Im dritten Schritt spielen Sie mit dem Probanden die zielgerechte Nutzung der Ressource durch. Wann und wo kann er die erforderliche Ressource einsetzen? Kann er die Ressource aus seinem Inneren abrufen, oder benötigt er Reize von außen? Wer oder was könnte ihm zusätzlich helfen, sein Ziel zu erreichen?

Spielen Sie mit dem Probanden die Anwendung der Ressourcen mit allen Sinnen durch. Entwickeln Sie eine zukunftsorientierte Wirklichkeit, die der Proband in seiner Vorstellung vorerlebt. Diese Vorstellungen führen zu konkreten Schritten, die dem Probanden helfen sich im Alltag konstruktiv zu entwickeln und sein Ziel zu erreichen.

Achten Sie darauf, dass Sie bei der Arbeit mit Ressourcen immer zukunfts- und lösungsorientiert bleiben, um die Weiterentwicklung des Probanden zu fördern.

Zielorientierung

Die Zielorientierung ist aus verschiedenen Gründen ganz besonders wichtig, wird aber leider sehr Stiefmütterlich behandelt. Dabei stellt gerade die Ausrichtung auf ein Ziel einen Basispfeiler der Veränderungsarbeit dar.

Nur wenn ich ein Ziel definiert ist, kann der Weg zum Ziel geplant werden, kann differenziert werden was weiterbringt und was nicht, wichtige Ressourcen werden erkannt, Motivation wird geschöpft und Verhalten kann organisieret werden. Durch eine genaue Zieldefinition schafft man Visionen und kann die mögliche Zukunft mit der Gegenwart in Verbindung bringen.

Die meisten Probanden werden Ihnen genau beschreiben, was sie nicht möchten.

Bewegen Sie den Probanden dazu, sein Ziel so genau wie möglich zu benennen. Achten Sie darauf, dass er dieses Ziel positiv mit allen Sinnen beschreibt. Wie sieht sein Ziel aus, wie wird er sich fühlen wenn er es erreicht hat, wie wird sein Umfeld darauf reagieren usw.! Sorgen Sie dafür dass der Proband nach Möglichkeit die Augen schließt und sein Ziel so real wie möglich erlebt.

Wie effektiv der Proband seine Ressourcen auf sein Ziel ausrichten kann ist abhängig davon, wie präzise das Ziel definiert wird.

Achten Sie darauf, dass Sie

- positiv formulieren

Fragen:
Was genau ist das Ziel – Woran erkennst Du, dass Du am Ziel bist?

- präzise formulieren

Fragen:
Wann, wo, was, mit wem, wie stark, wie viel usw.

- Prozessinstruktionen anwenden

Fragen:
Was muss geschehen, dass... – Was würde Dir helfen, dass...

Sobald das Ziel des Probanden präzise definiert ist, gehen Sie über zur Imagination des Zielerlebnisses. Der Proband sollte dabei die Zielerreichung mit allen Sinnen erleben. Gerade emotional behaftete Vorstellungen setzen sich dominant im Unbewussten fest.

Sprechen Sie also alle Sinne an.

Fragen:
Was hörst, fühlst, sieht, riechst Du?

Es kann passieren, dass der Proband bei der Imagination der Zielerreichung merkt, dass dieses Ziel nicht wirklich von seinem Unbewussten bejaht wird. In diesem Fall wird das Ziel abgewandelt, umgedeutet oder aber völlig verworfen und neu gestaltet, da es andernfalls zu einem inneren Konflikt kommen kann.

Reframing

Reframing (Umdeutung) ist eine Technik, die von der Familientherapeutin Virginia Satir begründet wurde. Heute hat das Reframing besonders im NLP einen hohen Stellenwert.

Durch umdeuten wird einer belastende Situation oder einem Geschehen eine andere Bedeutung bzw. ein anderer Sinn zugewiesen. Der Proband soll dabei in die Lage versetzt werden, die Situation aus einem anderen Blickwinkel zu betrachten.

So kann z.B. Angst, die oft als von außen hereinbrechend und unkontrollierbar wahrgenommen wird, stattdessen als Anteil der eigenen Persönlichkeit und von innen heraus kontrollierbar umgedeutet werden.

Dazu machen Sie Ihrem Probanden begreiflich, dass die Angst nicht „über ihn hereinbricht", sondern ein Impuls aus seinem Unbewussten ist, den er selbst regeln kann.

Ein weiteres Beispiel ist die Sucht. Suchtkranke sehen sich selbst als Opfer. Die Sucht „überkommt" sie einfach. Führen Sie den Probanden in eine Situation, in die er beschreiben muss, warum er sich dazu entscheidet Suchtmittel zu nehmen. So erschaffen Sie beim Probanden ein Bewusstsein dafür, dass er sehr wohl eine freie Entscheidungsmöglichkeit hat.

Bringen Sie den Probanden dazu, seine Sicht aus der aktiven Rolle zu sehen. Allein ein Wechsel der Sichtweise bewirkt oft bereits grundlegende Veränderungen.

Skripte & Suggestionen

Die im Folgenden beschriebenen Texte und Suggestionen können Sie für Ihre Sitzungen benutzen. Verstehen Sie die Texte dabei als Anregung zur Entwicklung eigener Ideen.

Beginnen Sie am besten so früh wie möglich mit dem Schreiben eigener Hypnosetexte.

Sicher hypnotisieren

Ich spreche nun ab sofort mit Deinem Unbewussten und möchte es bitten, alles, was Du über Hypnose und Psychologie gelernt hast, alles, was Du von erfahrenen Hypnotiseuren gehört hast, und alles, was Du bereits selbst erfahren hast, zu organisieren.

Du kannst Dich immer an alle Dinge erinnern, die wichtig für Deine Arbeit als Hypnotiseur sind, sobald Du sie brauchst. Du wirst sie von Deinem Unbewussten zur

Verfügung gestellt bekommen, so dass Du nicht mehr nachdenken musst, um sie zu finden.

Dabei stellt Dein Unbewusstes Dir AUS-SCHLIESSLICH die Dinge zur Verfügung, die in dem Moment wirklich wichtig und richtig sind.
Wenn Du einen Probanden behandelst, ist Deine ganze Aufmerksamkeit auf das gerichtet, was der Proband sagt oder an nonverbalen Signalen aussendet.

Dabei wirst Du ganz ruhig und konzentriert sein, um für den Probanden das richtige Vorgehen zu wählen. Das Vorgehen, das dem Probanden am meisten hilft.

Sobald Dein Unbewusstes alles gerade gesagte für Dich organisiert hat, wird sich Dein linker Zeigefinger kurz bewegen.

Dein Unbewusstes wird ab sofort immer alles, was Du über Hypnose und Psychologie lernst, organisieren und Dir zur richtigen Zeit zur Verfügung stellen.
Und Du kannst Dich jederzeit auf Dein Unbewusstes verlassen.

Du bist ein guter Hypnotiseur.

Praxistipp:
Sprechen Sie sich diesen Text auf ein Diktiergerät oder den IPod und hören Sie diese Aufnahme einmal täglich für zwei Wochen.

Immunsystem stärken

Vollkommen gelöst und ruhig liegst Du auf Deiner Unterlage und atmest in Deine Mitte.

Ich werde gleich eine Weile nicht mehr zu Dir sprechen, in dieser Zeit kann sich Dein ganzes Nervensystem regenerieren und neue Kraft tanken. Dein Körper erholt sich und tankt neue Energie.

Dein vegetatives System synchronisiert sich nun, erholt sich…

Stell Dir dazu bitte vor, dass Du mit jedem Einatmen kraftvolle Energie bis tief in Deine Mitte aufnimmst, diese Energie sich in Deinem ganzen Körper verteilt und Deinem Nervensystem hilft, Beschädigungen am Immunsystem zu reparieren. JETZT.

Und Du mit jedem Ausatmen alles, was stört, was kaputt ist, alle Unruhe und Stress, einfach ausatmest. JETZT. So lange, bis ich wieder zu Dir spreche.

Praxistipp:
Die Sprechpause sollte zwischen 5 und 10 Minuten betragen.

Dieses Skript funktioniert bei einem Großteil der Probanden sehr gut. Spürbar ist ein deutlicher Energieanstieg ein bis zwei Tage nach der Sitzung.

Seelenhygiene

Alle Deine Erfahrungen, alle Deine Erlebnisse sind in Deinem Unbewussten gespeichert. Gute wie auch schlechte Erinnerungen, alles was Du bis heute erlebt hast.

Manche dieser Erlebnisse hat Dein Unbewusstes nicht verarbeitet, sie blockieren
Dich und die Arbeit daran raubt Dir wertvolle Energie.

Bitte schließe jetzt Deine Hände zu einer
festen Faust. Dein Unbewusstes findet alle
belastenden Dingen, die in Deinem Unbewusstes wirken, Du aber nicht mehr benö-
tigst.

Alle Dinge, die Dich belasten, Dir Energie
rauben, wird Dein Unbewusstes JETZT und
in den nächsten Minuten für Dich finden
und diese einfach in Deine geschlossenen
Fäuste fließen lassen.

Stell Dir einfach vor, alle diese Dinge fließen in Deine geschlossenen Fäuste, so
lange, bis ich wieder zu Dir spreche.

(ca. 5 Minuten Pause)
Vielleicht fühlen sich Deine Fäuste jetzt voll
und schwer an.

Du kannst all die negativen Dinge in Deinen Fäusten nun loslassen, indem Du sie
einfach öffnest und alle Dinge von Dir
lässt. JETZT.

Praxistipp:
Es kann zu starken Abreaktionen kommen!

Die Seelenhygiene ist keine Therapie zur Verarbeitung traumatischer Erlebnisse. Sie sollte nur nach vorheriger Abklärung der psychischen Gesundheit angewendet werden. Liegen psychische Störungen vor, ist diese Intervention kontraindiziert.

Entspannung

Ganz entspannt, ganz gelöst, kannst Du nun das Gewicht Deines Körpers auf der Unterlage spüren.

Atme JETZT tief in Deine Mitte...und begleite Deinen Atem ganz bewusst bis tief in Deinen Bauch.

Geh mit Deiner Aufmerksamkeit ganz mit Deiner Einatmung in Deinen Bauch, und stell Dir vor, dass es in deiner Mitte vollkommen still ist.

Ganz still, vollkommen ruhig. Du kannst es Deinem Körper nun erlauben, sich auszuruhen, sich zu entspannen, zu schlafen.

Aber ganz egal, wie tief Du auch entspannst, nur Dein Körper wird schlafen. Dein Geist wird jederzeit meine Stimme hören, wenn ich zu Dir spreche.

Alles andere ist nun vollkommen unwichtig für Dich, nur meine Stimme ist wichtig, und Deine Entspannung.

Stell Dir einen strahlend blauen Himmel vor. Und irgendwo an diesem Himmel zieht ein Vogel ganz langsam und schwerelos seine Kreise. Mit jedem Kreis, den der Vogel zieht, sinkst Du noch etwas tiefer in diesen wundervollen Zustand der absoluten Entspannung.

Du entspannst Deine Füße...JETZT.

Du entspannst Deine Beine...JETZT.

Alle Spannungen lösen sich. Du entspannst Deine Beckenmuskeln vollkommen.

Und auch Deine Bauchmuskeln lösen sich, werden wunderbar locker.

Deine Rückenmuskeln entspannen sich nun ebenfalls, lösen alle Verspannungen...JETZT.

Auch Deine Brustmuskulatur entspannt sich, ganz locker und leicht...JETZT.

Schultern und Nackenmuskeln lösen nun alle Spannungen...JETZT.

Und auch Dein Kopf ist klar und herrlich leicht entspannt. Du fühlst Dich vollkommen wohl.

Dein innerer Therapeut

Bitte stelle Dir jetzt einmal vor, Du befindest Dich an einem Ort, an dem Du Dich besonders wohl fühlst.

Das kann ein Ort sein den Du schon kennst, das kann aber auch ein Ort sein der JETZT Deiner Fantasie entspringt.

(den Ort genau beschreiben lassen)

Und wenn Du Dich dort, an Deinem Ort nun einmal genau umschaust, dann wirst Du irgendwo jemanden entdecken, der auf Dich wartet.

(die Person genau beschreiben lassen)

Wenn der Proband nichts sieht:
Auch wenn Du gerade nichts siehst, spürst Du doch die Anwesenheit von jemandem, und Du fühlst Dich wohl dabei.
Teile der Person nun Deinen Namen mit und frage sie nach ihrem Namen.

(den ersten Namen nennen lassen, der dem Probanden in den Sinn kommt!)

Du erkennst, dass ... Dein innerer Therapeut ist. Ein Berater, der Dich eigentlich schon immer begleitet hat, den Du allerdings erst jetzt wirklich kennen lernst.

Sage Deinem Berater, dass es Dir Leid tut, das Du ihn erst jetzt richtig kennenlernst.

Vielleicht wirst Du etwas Zeit brauchen um Deinen Berater richtig kennen zu lernen.

Möglicherweise dauert es auch eine gewisse Zeit, bis Du Vertrauen zu Deinem Berater entwickelst. Aber Dein Berater weiß alles über Dich, er ist die Reflexion Deines inneren Lebens.

Wie wäre es, wenn Dich dieser Begleiter ab sofort unterstützt? Wenn Du ab sofort öfter Dialoge mit ihm führst, wann immer Du das Gefühl hast, Du brauchst seine Hilfe?

Falls es ein Problem gibt, dass Dich schon länger beschäftigt, frage doch einmal Deinen Berater, ob er eine Lösung für Dich kennt.

Und die erste Antwort, die Dir in den Sinn kommt, ist die Antwort Deines Beraters.

Stell Deine Frage jetzt.

Was hat er Dir geantwortet?

Wenn der Berater nichts gesagt hat:
Möglicherweise behält der Berater die Antwort noch bewusst zurück, da die Zeit für die Bearbeitung der Sache noch nicht gekommen ist. Frage doch Deinen Berater,

was passieren muss damit Du an die gewünschte Information gelangst.

Lege jetzt einen verbindlichen Termin für ein neues Treffen mit Deinem Berater fest.

Gibt es eine Aufgabe, die Du Deinem Berater bis zum nächsten Treffen stellen möchtest?

Bluthochdruck

Du bist nun vollkommen entspannt.

Stell Dir nun vor, wie Dein Herz leicht und ohne Anstrengung schlägt.

Spüre das Blut, wie es flüssig und ohne Hindernisse durch Deine Adern fließt.

Dein gesamtes vegetatives System arbeitet JETZT harmonisch, effektiv und ohne Anstrengung. Ganz von selbst, ganz entspannt.

Ob sofort achtest Du darauf, weniger Salz zu Dir zu nehmen und Dich regelmäßig zu entspannen. Entspannung ist ab sofort wichtig für Dich, so wichtig wie die Nahrungsaufnahme.

Du wirst Dir jeden Tag ein wenig Zeit nehmen, Dich zu entspannen. Den Stress des Alltags hinter Dir zu lassen und Deinen seelischen Müll zu entsorgen.

Suggestionen

Die hier aufgeführten Formulierungen dienen dem Einbau in Ihre eigenen Skripte. Sie werden nach kurzer Zeit gelernt haben, automatisch die richtige Sprache zu benutzen, so dass Sie diese Vorlagen nicht mehr benötigen.

„Erinnere Dich JETZT einmal daran, wie Du Dich gefühlt hast, als Du das letzte Mal tief entspannt warst"

„Und alle Geräusche um Dich herum können nun gleichgültig werden, wie ... (Geräusch, das gerade zu hören ist) ... und vertiefen Deinen Ruhezustand."

„Jedes Wort von mir vertieft Deinen Ruhezustand, lässt Dich noch entspannter werden."

„Und während Du in diesem angenehmen Zustand bleibst, kannst Du nun auch mit mir reden und mit jedem Wort kannst Du noch tiefer in diesen angenehmen Zustand sinken."

„Während Du meine Worte ganz deutlich hörst, verlieren sie immer mehr an Bedeutung für Dein Bewusstsein."

„Mit jedem Atemzug und mit jedem Wort von mir nimmst Du mehr Ruhe auf."

„Ich werde gleich aufhören zu Dir zu sprechen. In dieser Zeit atmest Du ruhig und gleichmäßig weiter. Mit jedem Atemzug sinkst Du noch tiefer in diesen angenehmen Ruhezustand, so tief wie nie zuvor. Mit jedem Atemzug lässt Du Dich noch tiefer sinken und nach wenigen Atemzügen ist Dein Ruhezustand so tief wie nie zuvor.

Du wirst mich aber ganz deutlich hören, sobald ich wieder zu Dir spreche."

„Nun überlege mal, ob die Lider Deine Augen schließen, oder die Augen Deine Lider. Und während Du darüber nachdenkst, sinkst Du einfach noch tiefer..."

„Du spürst und fühlst, wie angenehm dieser Zustand ist und mit jeder weiteren Sitzung erreichst Du diesen Zustand schneller...mit jeder weiteren Sitzung kann sich dieser Zustand wie von selbst vertiefen, ganz wie von selbst...immer tiefer und tiefer...immer tiefer und tiefer."

„Alles, was Du in dieser Hypnose erlebt hast, wirst Du vergessen haben, sobald Du die Augen wieder öffnest. Die Erinnerung wird vollkommen ausgelöscht sein, wie die Schrift auf einer Tafel mit einem Schwamm ausgelöscht wird – (und Du wirst Dich fühlen als ob Du einen traumlosen Schlaf gehabt hättest)."

„Alles, was Du in dieser Hypnose erlebt hast, wirst Du vergessen haben, sobald Du die Augen wieder öffnest. Deine Erinnerung liegt geschützt hinter einer hohen und dicken Mauer und es ist Dir nicht möglich, diese Mauer zu erklimmen oder zu durchbrechen. Du wirst alles, was Du in dieser Hypnose erlebt hast, vergessen haben, sobald Du die Augen wieder öffnest."

„Aber ganz egal wie tief Du auch sinkst, irgendetwas in Dir wird den Kontakt zu meiner Stimme halten, so dass Du alles spüren, fühlen und sehen kannst, was ich Dir sage."

„Ganz weit öffnet sich jetzt das Tor zu Deinem Unbewussten und alles, was ich zu Dir sage, dringt ganz tief ein...und Du fühlst Dich sehr wohl dabei...und alles, was ich Dir jetzt sage, prägt sich ganz tief und fest in Dir ein, und ganz von selbst reagiert Dein Unbewusstes darauf..."

„Ganz deutlich hörst Du jedes Wort von mir, und alles was ich Dir sage, speichert sich in Deinem Unbewussten und wird deshalb genau eintreffen."

„Du hörst ganz genau wie ich zu Dir spreche und alles was ich sage entspricht Deinen eigenen Wünschen..."

„Wenn ich Dich dann aus der Hypnose zurückführe, wird in Deinem Unbewussten verankert bleiben, dass …….. und nach der Hypnose wird es wie von selbst und zwangsläufig eintreten…"

„Dein Unbewusstes kann in dieser Trance all das annehmen, was hilfreich für Dein Wohlergehen ist. Es kann genauso all das vergessen, was es für Dein Wohlergehen nicht gebrauchen kann."

„Je tiefer Du sinkst, umso wohler fühlst Du Dich. Und umso wohler Du Dich fühlst, desto tiefer sinkst Du."

„Du kannst einen tiefen Atemzug nehmen, jedes Mal wenn Du noch etwas tiefer in Trance sinken möchtest"

DK-Methode

Die DK-Methode ist eine von Friedbert Becker entwickelte Methode der direkten Kommunikation mit dem Unbewussten.

Diese Methode ist einfach und unkompliziert, was ich Ihnen in Auszügen, mit freundlicher Genehmigung von Friedbert Becker, auf den folgenden Seiten kurz vorstellen möchte.

Wenden Sie diese Kommunikationsform in der Beratung an. Als Therapie sollten Sie diese Methode nur anwenden, wenn Sie über entsprechende therapeutische Kenntnisse und eine Heilerlaubnis verfügen. Andernfalls können Sie damit sogar Schäden anrichten.

Direkte Kommunikation

Worauf Menschen ihre Aufmerksamkeit richten, dorthin fließt die Energie und es wird zu ihrer Realität.

Bedauerlicherweise ist die Aufmerksamkeit vieler Menschen gefangen in schädlichen Glaubensmustern und ungelösten seelischen Konflikten. An diese Zustände haben sich die meisten Menschen derart gewöhnt, dass ihnen gar nicht mehr auffällt, worauf sie da eigentlich ihre Aufmerksamkeit richten.

Durch die direkte Kommunikation mit den unbewussten Anteilen der Seele ist es möglich, diese verborgenen Fragmente aufzuspüren und bewusst werden zu lassen.

DK arbeitet nicht mit ideomotorischen Signalen, wie man sie aus der Hypnose kennt, sondern mit direkter Gesprächsführung.

Der direkte Dialog mit dem Unbewussten ermöglicht es, seelische Zustände zu verbessern und zu harmonisieren. Seelische Konflikte und Blockaden werden aufgelöst, der Proband erfährt, was, wann und in welchem Kontext etwas geschehen muss, damit er zur Harmonie zurück findet.

Die DK-Methode ist dabei so einfach, dass sie von einigen Spezialisten nicht für wirksam gehalten wird. Ich fordere Sie deshalb auf, die DK-Methode erst dann zu bewerten, wenn Sie sie selbst erfahren haben.

Wenden Sie das Verfahren zuerst bei Ihnen selbst oder einem Freund an und entscheiden Sie anschließend darüber, ob Sie mit diesem Verfahren auch in Zukunft arbeiten möchten.

Um das DK-Verfahren richtig zu verstehen, sind Kenntnisse auf dem Gebiet der Regressionsverfahren und der Hypnose von Vorteil.

Die Reinkarnationslehre geht davon aus, dass der Mensch selbst Verursacher seiner jeweiligen Lebensumstände ist und jederzeit die Möglichkeit hat, sein Schicksal selbst bewusst zu gestalten.

Ob es sich im Einzelnen um Krankheiten oder Schicksalsschläge handelt spielt eine untergeordnete Rolle.

In der Praxis unterscheiden viele Therapeuten zwischen Reinkarnationstherapie und Regressionstherapie. Während die Reinkarnationstherapie Ursachen von Störungen in früheren Leben sucht, beschränkt sich die Regressionstherapie auf Erlebnisse im gegenwärtigen Leben.

Hier liegt möglicherweise einer der Gründe, warum manche Therapien nicht so erfolgreich sind wie sie ohne diese unnötigen Eingrenzungen sein könnten. Zudem suggeriert der Begriff Reinkarnationstherapie, dass die Ursache eines Problems in einem früheren Leben zu suchen ist.

Fakt ist jedoch, dass die meisten Ursachen im gegenwärtigen Leben zu finden sind.
Eine weitere unnötige Blockade für eine optimale Hilfe stellt die überflüssige Diskussion über die Realität eines früheren Lebens dar.

Das innere Erleben des Probanden, seine subjektive Realität gestaltet sein Befinden und darum spielt es keine Rolle, ob dieses innere Erleben mit historischen Ereignissen der objektiven Realität übereinstimmt, oder nicht.

Aus spiritueller Sicht deutet alles darauf hin, dass Ziel und Zweck jeglicher bewussten Existenz, eine Bewusstseinserweiterung, eine Bewusstseinsvermehrung ist.

Da die DK-Methode eine Methode für Praktiker ist, spielen Glaubensfragen eine eher untergeordnete Rolle.

Trauma

Was in der Schulpsychologie als psychologisches Trauma bezeichnet wird eignet, sich gut, um einen möglichst klaren Einblick in den Mechanismus der Regressionstherapie zu erhalten.

Zu einer psychischen Traumatisierung kommt es, wenn ein Ereignis die psychischen Belastungsgrenzen eines Menschen übersteigt und es dadurch nicht verarbeitet werden kann.

In der Regel sind dies lebensbedrohliche Situationen wie etwa Gewalt, Mord, Naturkatastrophen, Krieg, Vergewaltigung etc.

Ausschlaggebend ist nicht der objektive Grad einer Bedrohung oder Verletzung, sondern das subjektive Empfinden der betroffenen Person.

Was den einen Menschen zu Tode erschreckt, kann einen anderen völlig unberührt lassen. Eine Traumatisierung ist jederzeit möglich auch ohne Gewalt, Krieg und Katastrophen.

Besonders anfällig für Traumatisierungen sind kleine Kinder, bedingt durch ihre kurze Lebenserfahrung. Allein die Trennung eines Säuglings von seiner Mutter kann ein Trauma für das Kind darstellen.

Ein psychisches Trauma kann schwerwie-
gende Folgen für den betroffenen Menschen haben. Dabei können die Folgen sofort auftreten, oder aber erst Jahrzehnte
später.

Besonders kompliziert wird es, wenn die
traumatisierende Situation verdrängt oder
vergessen wurde.

Der entscheidende Moment einer Traumatisierung ist die Tatsache, dass der Betrof-
fene Informationen aufgenommen hat, <u>die
nicht richtig verarbeitet wurden</u>.

Latente Programme

Während bei Traumatisierungen die Zu-
sammenhänge auch von Laien überwie-
gend logisch nachvollzogen werden können, sind die Auswirkungen von sogenannten latenten Programmen nahezu
vollkommen unvorhersehbar.

Als latente Programme bezeichnet man
hauptsächlich Wortprogrammierungen, die
ein Mensch in Zeiten von Bewusstlosigkeit
oder eingeschränkter Bewusstheit auf-
nimmt.

Im Prinzip passiert bei solchen Programmen etwas Ähnliches wie bei einem posthypnotischen Befehl.

Diese latenten Programme werden aktiviert, sobald sie auf unbewusster Ebene stimuliert werden. Diese Aktivierung kann tatsächlich erst Jahrzehnte nach der verursachenden Situation ausgelöst werden, etwa durch einen ähnlichen Reiz, der an die Ursprungssituation erinnert. Auf diese Art können z.B. en Zwänge und Phobien entstehen.

Ein Beispiel aus Friedbert Beckers Praxis:

Herr S. 38 Jahre alt, konnte schon seit mehr als einem Jahr das Haus nicht mehr alleine verlassen ohne von heftigen Panikattacken heimgesucht zu werden.

Seine Frau musste ihn zur Arbeit bringen und wieder abholen. Die Panikattacken traten nur auf, wenn er ohne Begleitung das Haus oder die Gebäude seiner Arbeitsstelle verließ. Er konnte sich in den Supermarkt bringen lassen und alleine alle Einkäufe tätigen.

Sobald er jedoch den Supermarkt verlassen sollte und niemand ihn vor der Tür erwartete geriet er in Panik.

Er hatte verschiedene psychotherapeutische Behandlungen ohne nennenswerte Besserung hinter sich gebracht. Seine Lebensqualität war auf dem Nullpunkt und immer öfters verfiel er in depressive Gedankengänge.

Während einer ca. zweistündigen Sitzung wurde er aufgefordert in die Situation zurück zu gehen als ihm die Angst zum ersten Mal bewusst wurde. Nach einigen gezielten Fragen beschrieb er eine Situation in der er Zeuge eines Autounfalls war, bei dem ein Mädchen auf einem Fahrrad von einem Auto erfasst wurde.

Er selbst war an dem Unfall völlig unbeteiligt (hier handelt es sich in den meisten Fällen um die auslösende Situation). Nun wurde er aufgefordert noch weiter zurück zu gehen, in eine Situation in der gleiche oder ähnliche Gefühle eine Rolle gespielt haben. Daraufhin schilderte er ein Erlebnis als er 5 oder 6 Jahre alt war.

Seine Familie lebte an einer stark befahrenen Straße. Der Hof auf dem er als Kind spielte, mündete übergangslos im Straßenverkehr. In einem unbeaufsichtigten Moment lief er hinaus auf die Straße und wurde beinahe von einem Pkw erfasst.

Er verursachte dadurch einen Auffahrunfall. Zu diesem ganzen Schrecken kam noch eine Tracht Prügel von der geschockten Mutter hinzu. Sie beschimpfte ihn und schrie ihn an, dass er tot sei, wenn er allein auf die Straße geht.

Hier lag der Schlüssel zum Verhalten von Herrn S.:

Der Schrecken, die Geräusche der kollidierenden Autos, der körperliche Schmerz durch die Prügel und nicht zuletzt die begleitenden Worte der Mutter „Du bist TOT wenn Du allein auf die Straße gehst".

Herr S. befand sich bedingt durch den Stress in einem Zustand eingeschränkter Bewusstheit, die Worte der Mutter wirkten wie ein posthypnotischer Befehl.

Zur Auflösung wurde diese Situation nun mehrmals durchlaufen, um den Herrn S. das Erlebnis in allen Einzelheiten erinnern zu lassen. Durch die mehrfache Konfrontation mit den Emotionen und das bewusstwerden lassen der eigentlichen Ursache löste sich diese posthypnotische Programmierung letztlich auf.

Herr S. konnte alleine und ohne Angst den Heimweg antreten, er konnte es selbst nicht glauben.

Diese Art Ängste zu lösen benötigt nur wenig Zeit und bringt ein sofortiges Ergebnis.

Wie Sie sehen, wird bei der DK-Methode ohne Umwege direkt an der Ursache selbst gearbeitet.

Die möglichen Folgen von posthypnotischen Programmen sind unendlich.

Die Praxis der DK-Methode

Fundamental wichtig ist es, ganz gezielte Fragen zu stellen und sich nicht vom eigentlichen Ziel ablenken zu lassen.

Die direkte Kommunikation mit dem Unbewussten gleicht einem alltäglichen Gespräch, mit dem Unterschied, dass die bisher erklärten Prinzipien alle berücksichtigt werden und mit in die Interventionen einfließen.

Ziel ist es Blockaden zu lösen, Ursachen zu finden und die Aufmerksamkeit zu befreien.

Beispiele zielführender Fragen und Anweisungen:

Welche Situation benötigen wir um Dein Ziel zu erreichen?

Geh in die Situation die wir brauchen um..

Irgendetwas in Dir weiß, was nun geschehen muss, damit...

Welche Situation benötigen wir damit es jetzt weiter geht?

Geh nun in die Situation, die verantwortlich ist dafür dass Du jetzt nichts mehr wahrnimmst.

Was muss geschehen damit alle Teile in Dir harmonisch zusammenarbeiten?

Welche Situation brauchen wir um diese Schuldgefühle aufzulösen?

Geh in die Situation die für diese Schulgefühle verantwortlich ist.

Setzen Sie voraus, dass das Unbewusste Ihres Probanden weiß, warum die aktuelle Situation so ist und was notwendig ist, um eine optimale Veränderung zu bewirken.

Sie halten mit der direkten Kommunikation den Prozess in Bewegung und führen den Probanden lösungsorientiert zum Ziel.

Eine komplette Anleitung dieser Methode würde den Rahmen dieses Buches sprengen. Weitere kostenlose Informationen zur DK-Methode sowie fundierte therapeutische Ausbildungsangebote finden Sie bei Friedbert Becker direkt:

www.hypnose-institut-phoenix.de

Emotionale Abreaktionen

Abreaktionen sind Entladungen von Aufgestauten Gefühlen.

Es kann während einer Sitzung immer zu solch einer Entladung kommen. Seltener passiert dies unerwartet, normalerweise arbeitet der Therapeut gezielt auf eine solche Entladung hin, da sie für den Probanden eine emotionale Entlastung bedeuten. Auf diese Weise lassen sich Blockaden sehr gut lösen.

Arbeiten Sie nur gezielt auf eine Abreaktion hin, wenn Sie über die nötige psychologische Kompetenz verfügen.

Kommt es zu einer unerwarteten Abreaktion, sollten Sie ruhig und konzentriert bleiben. Es gibt keinen Grund in Hektik zu geraten und auch ein Mitleiden mit dem Probanden ist nicht nötig. Eine spontane Abreaktion ist ein gutes Zeichen dafür, dass es an der Zeit ist, eine Sache zu lösen.

Verwenden Sie die folgende Anweisung:

„Du lässt nun all das raus, was gut und richtig für Dich ist. Dein Unterbewusstsein wird an dieser Sache arbeiten, sie für Dich verarbeiten, so dass es Dir in den nächsten Tagen immer besser und besser geht." Gewähren Sie dem Probanden die Zeit, die er benötigt. Er wird sich im Anschluss erleichtert und befreit fühlen.

Selbsthypnose

Die Selbsthypnose ist eine der effektivsten und wirksamsten Selbsthilfemethoden, die es gibt. Durch Autosuggestion ist es möglich, seine Leistung zu steigern, neue Energie zu tanken, Ängste zu besiegen und sogar Schmerzen abzuschalten.

Bewährt hat sich Selbsthypnose für die Etablierung positiver Gedanken, Gefühle und Vorstellungen. Auch die Änderung negativer Glaubenssätze lässt sich verwirklichen. Störende Gewohnheiten können durch positive ersetzt werden, z.B. bei einer Raucherentwöhnung.

Das Prinzip der Selbsthypnose unterscheidet sich kaum von dem der Fremdhypnose. Wenn Sie Ihren Probanden dazu bewegen können Selbsthypnose anzuwenden, steigert dies die Erfolgschancen Ihrer Hypnose um ein Vielfaches.

Selbsthypnose erlernt man autodidaktisch aus Anleitungen, was aber in der Regel sehr viel Disziplin und Geduld verlangt. Wesentlich leichter geht es mit Hilfe einer Fremdhypnose durch einen Hypnotiseur, oder aber mittels Hypnose CDs.

Da ein ungeübter Mensch nicht unbedingt merkt dass er in Trance ist, kann man im Zustand der Selbsthypnose durch die folgende Suggestion testen, ob man sich tatsächlich in einem Trancezustand befindet:

„Meine Augen sind fest verschlossen und kleben auf angenehme Art und Weise aneinander. Ganz fest, ich kann sie nicht mehr öffnen".

Lassen sich die Augen nicht mehr öffnen, hat das Unterbewusstsein die Suggestion angenommen und man befindet sich in Trance.

Anzumerken ist, dass Suggestionen, die man sich selbst in Trance gibt, vermutlich nicht dem gleichen Kritiker gegenüberstehen, wie Fremdsuggestionen. Daher ist anzunehmen dass Suggestionen in Selbsthypnose deutlich wirkungsvoller sein können, als Suggestionen einer Fremdhypnose.

Ein gutes Beispiel der Selbstbeeinflussung ist der Placebo-Effekt. Der Mensch bekommt eine völlig wirkungslose Pille, bildet sich aber ein, dass sie gegen eine bestimmte Krankheit helfen wird. Und obwohl kein Medikament enthalten ist, bessert sich der Zustand des Menschen. Da unser Gehirn Realität von einer Vorstellung unterscheiden kann, reagiert der Körper auf die Vorstellung und heilt sich selbst. Durch die Kraft der Autosuggestion.

Es gibt einige Dinge, die man bei der Formulierung von Suggestionen in Selbsthypnose beachten sollte:

- Rede immer in der „Ich"-Form: („Ich fühle mich jeden Tag besser und besser.")

- Formuliere immer positiv:
  („Ich <u>bin</u> absolut ruhig und entspannt.")

- Benutze keine Negationen (nicht,
  kein) und Symptome (Schmerz etc.)

  Falsch: „Ich habe keine Angst vor
  Spinnen."
  Richtig: „Immer, wenn ich eine
  Spinne sehe, bleibe ich ruhig und
  gelassen."

- Kurze Suggestionen sind besser.
  („ Ich schaffe das.")

- Sprich in der Gegenwart
  („Ich bin ruhig und gelassen.")

Man kann sich aber nicht nur durch wörtli-
che Suggestionen helfen, auch Zielvorstel-
lungen sind hilfreich. Wenn man zum Beispiel Angst vor einer Prüfung hat, stellt
man sich die Situation in Selbsthypnose
vor. Man stellt sich vor, wie man die Prüfung entspannt, ohne Nervosität und mit
gutem Gefühl erlebt und auch besteht.
Man sollte sich dies dabei so lebhaft wie

möglich vorstellen und die Vorstellung oftmals wiederholen.

Wichtig ist, egal ob Worte oder Film, dass man stets eine Zielvorstellung hat. Das bedeutet, man stellt sich die Situation auch immer so vor, als hätte man sie bereits erlebt.

Wenn man die Selbsthypnose dann beenden möchte, löst man diese einfach wie folgt auf:

„Ich zähle gleich von 1 bis 5. Bei jeder Zahl komme ich ein Stück zurück und bei der Zahl 5 bin ich fit, hellwach und fühle mich wohl."

Es kann aber auch durch die Fremdhypnose ein zusätzliches Schlüsselwort oder ein Reiz etabliert werden, der die Selbsthypnose wieder auflöst.

Achten Sie darauf, dass Sie sich in Selbsthypnose keine negativen oder schädlichen Suggestionen geben. Denn diese werden möglicherweise genauso kritiklos angenommen wie positive Suggestionen.

Um die Selbsthypnose zu erlernen, folgen Sie einfach der kurzen aber effektiven Anleitung:

Setzen oder legen Sie sich gemütlich hin und sorgen Sie dafür, dass Sie die nächste Zeit nicht gestört werden.

Beginnen Sie nun damit, eine Zeit lang Ihre Atmung zu beobachten.
(für etwa 3-5 Minuten)

Beobachten Sie, wie sich bei der Einatmung der Thorax hebt, und bei Ausatmung wieder senkt.

Beobachten Sie, bis wohin die Luft fließt, wenn Sie tief in den Bauch atmen.

Sehen Sie Ihre Gedanken so, als würden Sie vorbeiziehen, kommen und gehen, wie vorbeiziehende Wolken am Himmel. Halten Sie keinen Gedanken fest!

Wenn Sie nun das Gefühl haben etwas entspannter zu sein, erteilen Sie Ihrem Unbewussten die Anweisung „Unbewusstes, bitte führe mich jetzt in Trance".

Anschließend beobachten Sie, ob sich Veränderungen in Ihrer Körperwahrnehmung einstellen. Anschließend können Sie mit Zielformulierungen beginnen.

Selbsthypnose benötigt einige Zeit der Übung, aber der Aufwand lohnt sich, versprochen!

Schlusswort

Die Grundidee dieses Buches: Hypnose-Anfängern direkt anwendbare Werkzeuge an die Hand zu geben. Also verwenden Sie das Buch in Ihrer täglichen Praxis, lesen Sie die Texte und Übungen ab oder kreieren Sie daraus neue Dinge.

Entwickeln Sie sich weiter und sammeln Sie eigene Erfahrungen, das ist der Schlüssel zur erfolgreichen Arbeit mit Hypnose.

Ich habe hier meine eigenen Erfahrungen eingebracht und trotzdem liege ich möglicherweise mit der ein- oder anderen Ansicht falsch. Wir befinden uns in einem lebenslangen Lernprozess, bewerten Sie also die Aussagen in diesem Buch nicht über und prüfen Sie selbst, ob Sie meine Ansichten teilen können.

Glauben Sie mir ausschließlich das, was Sie selbst durch ausprobieren erfahren haben. ;o)

Ich wünsche Ihnen viel Erfolg.

Interessante Dinge

Hypnose- und Subliminal CDs, Hypnose-texte und mehr finden Sie auch als Down-load hier:

www.hypnose-praxisbuch-shop.de

Ihr Coach für Bewusstseinsentwicklung und Lebensglück. Der Erfolgsautor der Glücklichen Taschenbücher und „Raus aus der Krise, rein ins Glück":

www.gorankikic.de

Wenn Sie eine seriöse therapeutische Aus-bildungsmöglichkeit suchen, möchte ich Ihnen das Hypnose-Institut-Phoenix von Friedbert Becker empfehlen:

www.hypnose-institut-phoenix.de

Friedbert Becker ist ein hervorragender Therapeut und Ausbilder mit jahrelanger Erfahrung.

**Das glückliche Taschenbuch
Hypnose und Wünschen**
Überall im Buchhandel

www.just-married-fun.com

Autodosen – JGA – Flitterwochen – Scherzartikel
und vieles mehr…